JN046336

改訂二版

初級中国語課本

胡　士雲
矢羽野　隆男　編著
呂　順長

世界图书出版公司
駿河台出版社

音声について

本書の音声は、下記サイトより無料でダウンロード、
およびストリーミングでお聴きいただけます。

https://stream.e-surugadai.com/books/isbn978-4-411-03143-3/

＊ご注意
・PC からでも、iPhone や Android のスマートフォンからでも音声を再生いただけます。
・音声は何度でもダウンロード・再生いただくことができます。
・当音声ファイルのデータにかかる著作権・その他の権利は駿河台出版社に帰属します。無断での複製・公衆送信・転載は禁止されています。

表紙デザイン　小熊　未央

ま　え　が　き

この教科書は、はじめて中国語を学ぶ人のための初級教科書です。おおよそ１課＝授業２コマのペースで学習を進め、全22課で必要な文法事項が無理なく学べるように考えて編集しました。週１回の授業なら２年間、週２回の授業なら１年間で１冊を学び終えることができます。

授業用の教科書として編集したものですが、発音や文法事項に簡明な説明を加え、また音声はダウンロードとしましたので、自習教材としても使用できると思います。

「中国語は発音が難しい」と言われます。この教科書では、冒頭の第４課まで時間をかけて発音の基礎を学べるようにしました。音声を繰り返しよく聞き、何度も声に出して練習してください。簡単なあいさつ言葉や教室用語なども使ってみましょう。よいスタートを切れば、その後の中国語の学習がずっと楽しくなると思います。

第５課以降の「本文」は、身近な場面で中国語が使えるように、中国人留学生が日本で生活するという設定で、日本の日常生活の一コマを取り上げました。各課では重要な表現･事項を「文法」1 ～ 57にまとめ､例文は多く挙げるよう心がけました。また、学習内容を確認し定着できるように「練習」を多くし、更にもっと多く学びたい方のために「更上一層楼」の項を設け､練習や閲読教材などより高度な内容を付しました。中級への橋渡しに利用してもらえればと思います。

１項目、１課を積み重ねて１冊を終えれば相当の力がつきます。この教科書を基礎として、一人でも多く中級・上級へと進まれることを希望します。

本書の編集に当っては、多くの方々から貴重なご意見を賜りました。記して感謝申し上げます。

2010年（平成22年）３月　　著　者

改訂版　ま　え　が　き

本書を上梓して４年がたち、その間、本書を教科書としてお使いいただいた先生方から、いろいろ貴重なご意見をいただきました。今回の改訂はご意見を受けて内容を再検討し反映させた結果です。根幹となる編集方針は従来と変わりませんが、各課の本文を若干短くしたほか、新出単語を抑えて単語の重複率を高くすることで、反復による学習効果を図るなど、より授業で使いやすい教科書をめざしました。

貴重なご意見に対し感謝申し上げるとともに、改訂版におきましても、ご高評を賜りますよう、お願いいたします。

2014年３月　　著　者

※改訂二版にあたり、音声をダウンロードといたしました。

目　次

はじめに

中国とは？

国　名：中華人民共和国（中华人民共和国 Zhōnghuá Rénmín Gònghéguó）（☞ p10 中国全図）

成　立：1949年10月１日

面　積：約960万平方キロメートル（日本の約25倍）

人　口：約13.7億人（2010年11月１日現在）

民　族：56民族　漢民族が全国人口の約92％を占め、その他55民族は「少数民族」と言う。

少数民族：チワン族、モンゴル族、チベット族、ウィグル族、朝鮮族など。

区　画：23省、４直轄市、５少数民族自治区、２特別行政区 （☞ p11 中国の地名）

首　都：北京（北京 Běijīng）

国　旗：五星紅旗（五星红旗 Wǔxīng Hóngqí）（🏴）

設計者：曽　聯松（曾　联松 Zēng Liánsōng）

国　歌：義勇軍進行曲（义勇军进行曲 Yìyǒngjūn Jìnxíngqǔ）

作詞者：田　漢（田　汉 Tián Hàn）　作曲者：聶　耳（聂　耳 Niè Ěr）

通　貨：元（yuán）（☞ p12～13 中国の通貨）

現国家主席：習　近平（习　近平 Xí Jìnpíng 2013年3月～）

現国務院総理：李　克強（李　克强 Lǐ Kèqiáng 2013年3月～）

国　旗

国　章

中国語とは？

中 国 語：「**漢語**（汉语 Hànyǔ）」と言い、日本では「中国語」と呼ばれる。中国の公用語であり、国連など国際機構の使用言語でもある。「漢語」以外に、多くの少数民族は独自の言語を持つ。

方　　言：８大方言（北方・呉・湘・粤・客家・贛・閩北・閩南）

標 準 語：「**普通話**（普通话 Pǔtōnghuà）」と言い、漢語の標準語で、外国人が学ぶ言語である。

(1) 北京の発音を標準音とする。

(2) 北方方言の語彙を基礎語彙とする。

(3) 代表的な現代口語文を文法の規範とする。

漢　　字：「**簡体字**（简化字 jiǎnhuàzì）」と言い、1956年に採用された**正式字体**で、従来の漢字を簡略化したものである。従来の漢字は「**繁体字**（繁体字 fántǐzì）」と言う。

発音記号：「**ピンイン**（汉语拼音 Hànyǔ pīnyīn）」と言い、1958年より使用されている。

音　　節：中国語は**単音節言語**である。その音節は**声母**、**韻母**と**声調**の三つの部分から成り、声母が21、韻母が35、声調が４ある。この三者を組み合わせた中国語の音節の総数は1300余りである。

例		音　節				
漢　字	ピンイン	声　母	韻　母			声　調
			介　音	主母音	韻　尾	
啊	ā			a		第一声
安	ān			a	n	第一声
牙	yá		i (y)	a		第二声
外	wài		u (w)	a	i	第四声
广	guǎng	g	u	a	ng	第三声
（头）发	(tóu) fa	f		a		

中国全図

中国の地名

省名（23）

黑龙江 Hēilóngjiāng	吉　林 Jílín	辽　宁 Liáoníng	河　北 Héběi
山　西 Shānxī	陕　西 Shǎnxī	甘　肃 Gānsù	青　海 Qīnghǎi
浙　江 Zhèjiāng	江　西 Jiāngxī	福　建 Fújiàn	安　徽 Ānhuī
山　东 Shāndōng	江　苏 Jiāngsū	河　南 Hénán	湖　北 Húběi
湖　南 Húnán	广　东 Guǎngdōng	海　南 Hǎinán	四　川 Sìchuān
贵　州 Guìzhōu	云　南 Yúnnán	台　湾 Táiwān	

直轄市名（4）

北　京 Běijīng	天　津 Tiānjīn	上　海 Shànghǎi	重　庆 Chóngqìng

少数民族自治区名（5）

内蒙古 Nèiměnggǔ	西　藏 Xīzàng	新　疆 Xīnjiāng	宁　夏 Níngxià
广　西 Guǎngxī			

特別行政区名（2）

香　港 Xiānggǎng	澳　门 Àomén

都市名

哈尔滨 Hā'ěrbīn	长春 Chángchūn	沈阳 Shěnyáng	石家庄 Shíjiāzhuāng
太原 Tàiyuán	西安 Xī'ān	兰州 Lánzhōu	西宁 Xīníng
杭州 Hángzhōu	南昌 Nánchāng	福州 Fúzhōu	合肥 Héféi
济南 Jǐnán	南京 Nánjīng	郑州 Zhèngzhōu	武汉 Wǔhàn
长沙 Chángshā	广州 Guǎngzhōu	海口 Hǎikǒu	成都 Chéngdū
贵阳 Guìyáng	昆明 Kūnmíng	台北 Táiběi	呼和浩特 Hūhéhàotè
乌鲁木齐 Wūlǔmùqí	银川 Yínchuān	南宁 Nánníng	拉萨 Lāsà
大连 Dàlián	承德 Chéngdé	大同 Dàtóng	青岛 Qīngdǎo
洛阳 Luòyáng	苏州 Sūzhōu	绍兴 Shàoxīng	厦门 Xiàmén
桂林 Guìlín	深圳 Shēnzhèn	大理 Dàlǐ	敦煌 Dūnhuáng

中国の通貨

第四セット紙幣

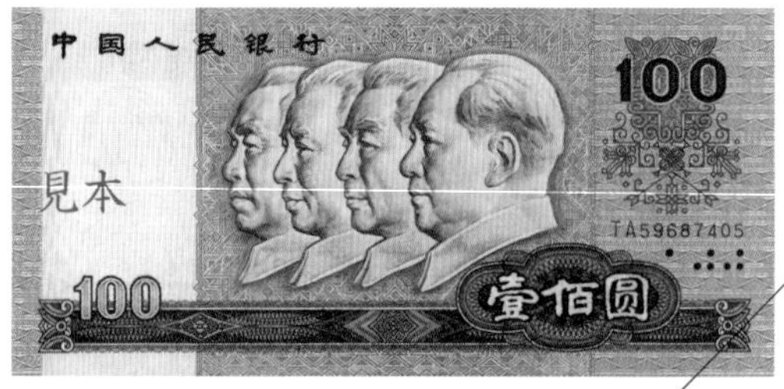

第五セット紙幣

現在のコイン

第1课 Nǐ hǎo 你 好

日常会話（Ⅰ）

001

Nǐ hǎo.
1 你 好。

Zǎoshang hǎo.
2 早上 好。

Wǎnshang hǎo.
3 晚上 好。

Wǎn'ān.
4 晚安。

Xièxie.
5 谢谢。

Bú kèqi.
6 不 客气。

Duìbuqǐ.
7 对不起。

Méiguānxi.
8 没关系。

Zàijiàn.
9 再见。

Míngtiān jiàn.
10 明天 见。

Xuéxiào jiàn.
11 学校 见。

子（中国・1996年年賀切手）

002

〈本文〉の新出単語

1 早上 zǎoshang 名 ________
2 晚上 wǎnshang 名 ________
3 学校 xuéxiào 名 ________
4 明天 míngtiān 名 ________
5 你 nǐ 代 ________
6 谢谢 xièxie 動 ________
7 客气 kèqi 動 ________
8 见 jiàn 動 ________
9 好 hǎo 形 ________
10 不 bù 副 ________
11 晚安 wǎn'ān 句 ________
12 再见 zàijiàn 句 ________
13 对不起 duìbuqǐ 句 ________
14 没关系 méiguānxi 句 ________

第1课

発音Ⅰ 声調

003

声調とは、音声の高低変化のアクセントのことで、声母と韻母を含んだ全音節を覆う。中国語の声調は4種あり、言語学の用語では「陰平、陽平、上声、去声」と言うが、習慣的に「第一声、第二声、第三声、第四声」と言う。

声　調	記号	調子	発　音　法
第一声（陰平）	ˉ	55	高く平らに
第二声（陽平）	ˊ	35	高く上げる
第三声（上声）	ˇ	214	低く押える
第四声（去声）	ˋ	51	低く下げる

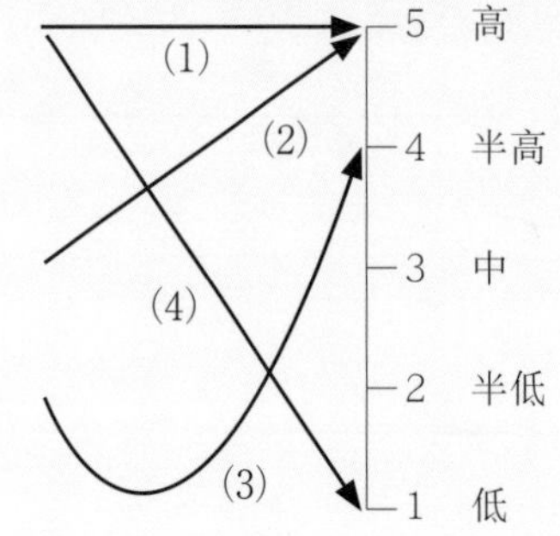

注意 声調記号は必ず主母音の上につける。主母音が i の場合には、その上の小さな黒点の代わりに声調記号をつける。

声調には意味を区別する大切な役割がある。声調が異なれば意味も異なる。

声　調	ピンイン	漢　字	意　味
第一声	mā	妈	おかあさん
第二声	má	麻	麻
第三声	mǎ	马	馬
第四声	mà	骂	罵る；しかる

この4種の声調の他に、短く軽く発声するものがあり、それを「軽声」と言う。軽声には、声調記号をつけない。

爸爸 bàba（お父さん）　　妈妈 māma（お母さん）
娃娃 wáwa（赤ちゃん）　　椅子 yǐzi（いす）

発音Ⅱ　単母音韻母

004

中国語の韻母は、**単母音韻母**、**複合母音韻母**、**鼻音韻尾韻母**の３種に分けられる。

韻母	発音の特徴
a	日本語の「ア」よりも口を大きく開き、はっきり発音する。
o	唇を丸くし、口の奥から「オ」を発音する。
e	唇を丸めず、口の奥から「オ」を発音する。
i	唇の両端を横に引き、鋭く「イ」を発音する。
u	唇を丸くし、「ウ」を発音する。
ü	「u」の口をしながら、「i」を発音する。

注意　声母がつかず、単母音韻母だけが単独に現れる場合は
i → yi　　u → wu　　ü → yu と表記する。

万里の長城（著者 撮影）

練　習

005

1）声調の発音練習

mā	má	mǎ	mà	nā	ná	nǎ	nà
mī	mí	mǐ	mì	nī	ní	nǐ	nì
māo	máo	mǎo	mào	hāo	háo	hǎo	hào

006

2）声調の組合せの発音練習（一）

	一	二	三	四	○
一	māmā	māmá	māmǎ	māmà	māma
二	mámā	mámá	mámǎ	mámà	máma
三	mǎmā	mǎmá	mǎmǎ	mǎmà	mǎma
四	màmā	màmá	màmǎ	màmà	màma

007

3）声調の組合せの発音練習（二）

	一	二	三	四
一	飞机 fēijī	中国 Zhōngguó	铅笔 qiānbǐ	天气 tiānqì
二	结婚 jiéhūn	同学 tóngxué	词典 cídiǎn	愉快 yúkuài
三	老师 lǎoshī	小学 xiǎoxué	你好 nǐ hǎo	考试 kǎoshì
四	汽车 qìchē	面条 miàntiáo	日本 Rìběn	再见 zàijiàn

008

4）軽声の単語の発音練習

哥哥 gēge	爷爷 yéye	奶奶 nǎinai	妹妹 mèimei
狮子 shīzi	茄子 qiézi	饺子 jiǎozi	帽子 màozi
他的 tā de	谁的 shuí de	我的 wǒ de	卖的 mài de
吃吧 chī ba	学过 xué guo	有吗 yǒu ma	到了 dào le

第1课

009

5）声調と単母音韻母の発音練習

a：	ā	á	ǎ	à	他 tā（彼）	爸爸 bàba（父）	妈妈 māma（母）
o：	ō	ó	ǒ	ò	波 bō（波）	婆婆 pópo（姑）	沙漠 shāmò（砂漠）
e：	ē	é	ě	è	德 dé（徳）	哥哥 gēge（兄）	大河 dàhé（大きい川）
i：	yī	yí	yǐ	yì	米 mǐ（米）	弟弟 dìdi（弟）	阿姨 āyí（おば）
u：	wū	wú	wǔ	wù	鼓 gǔ（太鼓）	叔叔 shūshu（おじ）	歌舞 gēwǔ（歌と踊り）
ü：	yū	yú	yǔ	yù	鱼 yú（魚）	雨衣 yǔyī（レインコート）	俄语 Éyǔ（ロシア語）

6）日常会話練習：日本語の意味に従って、中国語で会話を練習しなさい。

① A：こんにちは。
B：こんにちは。

② A：みなさん、おはようございます。
B：おはようございます。

③ A：こんばんは。
B：こんばんは。

④ A：おやすみなさい。
B：おやすみなさい。

⑤ A：ごめんなさい。
B：かまいません。

⑥ A：ありがとうございます。
B：どういたしまして。

⑦ A：先生、さようなら。
B：さようなら。

⑧ A：明日会いましょう。
B：はい、明日会いましょう。

你知道吗? Nǐ zhīdao ma? 中国では現在「你好」と挨拶するのが一般的ですが、以前は「你吃饭了吗?(ご飯を食べましたか?)」という挨拶もよく用いました。日本語に訳してしまうと、まるで相手が満足に食事をしていないのではないかと心配しているように聞こえます。この挨拶は、中国人の「民以食为天（民は食をもって天となす)」という食事こそが生活の重大事だとする考え方の現れです。

中日漢字の違い（中－日）

晩－晩　谢－謝　对－対　气－気　关－関　系－係　见－見
天－天　马－馬　骂－罵

更上一层楼 gèngshàngyìcénglóu

日常会話

Nín hǎo.
1 您 好。（こんにちは。 初対面の人や目上の人に対する丁寧な言い方）

Nǐmen hǎo.
2 你们 好。（皆さん、こんにちは。）

Dàjiā hǎo.
3 大家 好。（皆さん、こんにちは。）

Nǐ zǎo.
4 你 早。（おはようございます。）

Bú yòng xiè.
5 不用 谢。（どういたしまして。）

声調の発音練習

Māma qí mǎ, mǎ màn, māma mà mǎ.
1 妈妈 骑 马，马 慢，妈妈 骂 马。
（ママは馬に乗り、馬がのろいので、ママは馬を叱る。）

Niūniu qí niú, niú niù, niūniu níng niú.
2 妞妞 骑 牛，牛 拗，妞妞 拧 牛。
（小娘が牛に乗り、牛がひねくれているので、小娘は牛をつねる。）

第2课 Qǐlái la 起来 啦

日常会話（Ⅱ）

010

1 Qǐlái la.
起来 啦。

2 Chī fàn ba.
吃 饭 吧。

3 Wǒ zǒu le.
我 走 了。

4 Nín zǒu hǎo.
您 走 好。

5 Wǒ huílai le.
我 回来 了。

6 Nín huílai le.
您 回来 了。

7 Qǐng jìnlai.
请 进来。

8 Qǐng zuò.
请 坐。

9 Nǐ hǎo ma?
你 好 吗?

10 Wǒ hěn hǎo.
我 很 好。

丑（中国・1997年年賀切手）

011

〈本文〉の新出単語

1 饭 fàn 名 ______________
2 起来 qǐlái 動 ______________
3 吃 chī 動 ______________
4 走 zǒu 動 ______________
5 进来 jìnlai 動 ______________
6 坐 zuò 動 ______________
7 请 qǐng 動 ______________
8 很 hěn 副 ______________
9 啦 la 助 ______________
10 吧 ba 助 ______________
11 吗 ma 助 ______________
12 我走了 wǒ zǒu le 句 ______________
13 您走好 nín zǒu hǎo 句 ______________
14 我回来了 wǒ huílai le 句 ______________
15 您回来了 nín huílai le 句 ______________

第2课

発音Ⅲ 声母

012

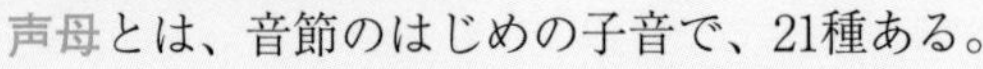

声母とは、音節のはじめの子音で、21種ある。

	無気音	有気音				
唇　音	b (o)	p (o)	m (o)	f (o)		
舌尖音	d (e)	t (e)	n (e)			l (e)
舌根音	g (e)	k (e)		h (e)		
舌面音	j (i)	q (i)		x (i)		
そり舌音	zh (i)	ch (i)		sh (i)	r (i)	
舌歯音	z (i)	c (i)		s (i)		

注意 （1）単母音 i の発音は３種あり、声母との組合せによって変わる。
a）舌歯音の後ろの i の発音は舌面母音で、国際音声字母の［ɿ］である。
b）そり舌音の後ろの i の発音は舌根母音で、国際音声字母の［ʅ］である。
c）他の声母の後ろの i は普通の母音で、国際音声字母の［i］である。
（２）単母音 ü は舌面音の声母と組み合せるときには、「u」と表記する。

発音Ⅳ　変調（１）：第三声の連続による変調

013

単語または文中の一部の字は、本来の声調で読まず、別の声調に変わることがある。この変化を「変調」と言う。

第３声の字が続くと前の字は第２声に変わる。しかし、声調記号は第３声のまま記す。

你好 nǐ hǎo（こんにちは）　很好 hěn hǎo（とてもよい）　手表 shǒubiǎo（腕時計）

友好 yǒuhǎo（友好）　理想 lǐxiǎng（理想）

广场 guǎngchǎng（広場）　雨水 yǔshuǐ（雨水）

第３声の字が三つ続くと、最後の字以外は第２声に変調する。

跑马场 pǎomǎchǎng（競馬場）　展览馆 zhǎnlǎnguǎn（展覧館）

蒙古语 Měnggǔyǔ（モンゴル語）　选举法 xuǎnjǔfǎ（選挙法）

北京・景山公園（著者 撮影）

練　習

014

1）声母の発音練習

唇　音：	bā 八（八）	bǐ 笔（筆）	bàba 爸爸（父）
	pí 皮（皮）	pà 怕（恐れる）	pópo 婆婆（姑）
	mó 磨（研ぐ）	mù 木（木）	māma 妈妈（母）
	fó 佛（仏）	fú 福（福）	fūfù 夫妇（夫婦）
舌 尖 音：	dī 低（低い）	dǎ 打（打つ）	dìdi 弟弟（弟）
	tè 特（特に）	tù 兔（兎）	tǔdì 土地（土地）
	ná 拿（持つ）	nǚ 女（女）	nítǔ 泥土（泥）
	lā 拉（引く）	lǚ 旅（旅）	lǚlì 履历（履歴）
舌 根 音：	gē 歌（歌）	gǔ 古（古い）	gēge 哥哥（兄）
	kě 渴（渇く）	kǔ 苦（苦い）	kělè 可乐（楽しい）
	hē 喝（飲む）	hǔ 虎（虎）	hútu 胡涂（はっきりしない）
舌 面 音：	jī 鸡（鶏）	jǐ 几（幾つ）	jùdà 巨大（巨大）
	qí 旗（旗）	qù 去（行く）	jīqì 机器（機械）
	xī 西（西）	xǔ 许（許す）	xìqǔ 戏曲（演劇）
そり舌音：	zhà 炸（爆発する）	zhé 折（折る）	zhèli 这里（ここ）
	chē 车（車）	chī 吃（食べる）	lǜchá 绿茶（緑茶）
	shā 沙（砂）	shè 设（設ける）	shìshí 事实（事実）
	rè 热（熱い）	rì 日（日）	rúyì 如意（意のままになる）
舌 歯 音：	zá 杂（色々な）	zì 字（文字）	zhīzú 知足（満足する）
	cā 擦（拭く）	cù 醋（酢）	mǐcù 米醋（米酢）
	sī 丝（絹糸）	sè 色（色）	chásè 茶色（茶色）

015

2）変調の発音練習

① 岂有此理。Qǐyǒucǐlǐ.（成語：そんな道理があるものか。）

② 我也很好。Wǒ yě hěn hǎo.（私も元気です。）

③ 小李有老酒。Xiǎo Lǐ yǒu lǎojiǔ.（李さんは老酒を持っている。）

3） 日常会話練習：日本語の意味に従って、中国語で会話を練習しなさい。

① A：行ってきます。
B：行ってらっしゃい。

② A：ただいま。
B：お帰りなさい。

③ A：お入りください。
B：ありがとうございます。

④ A：これで失礼します。
B：さようなら。

⑤ A：ご飯を食べましょう。
B：ありがとう。食べましょう。

⑥ A：お元気ですか。
B：元気です。

⑦ A：皆さん、おはようございます。
B：おはようございます。
A：皆さんお元気ですか。
B：元気です。

你知道吗？ Nǐ zhīdao ma?

東アジアは漢字で結びついた一つの文化圏で、かつては漢文が共通言語でした。現在でも漢字の影響を見出すのは難しくありません。日本語において漢語が大きな比重を占めているように、日本語以外の言語でも漢語が多く見られます。例えば、ベトナム語は現在ローマ字表記になって漢語だと気づきませんが、そもそもベトナムという国名自体「越南 Yuènán」を現地の発音で音読みしたものです。ホー・チミンは「胡志明 Hú Zhìmíng」、首都ハノイは「河内 Hénèi」です。朝鮮語も、ハングル文字のためわかりにくくなっていますが、実は非常に多くの漢語が使われ、よく知られる挨拶言葉にも漢語が隠れています。

1）アンニョンハセヨ（こんにちは）：安宁 ānníng
2）カムサハムニダ（ありがとう）：感谢 gǎnxiè
3）ミアナムニダ（ごめんなさい）：未安 wèi'ān
4）チュッカハムニダ（おめでとう）：祝贺 zhùhè
5）チョーシマセヨ（気を付けて）：操心 cāoxīn

中日漢字の違い（中－日）

饭－飯　请－請　进－進　广－広　场－場　览－覧　馆－館
语－語　选－選　举－挙

更上一层楼 gèngshàngyìcénglóu

変調の発音練習

Lǎomǎ yě xiǎng mǎi hǎo shǒubiǎo.
1 老马 也 想 买 好 手表。(馬さんもいい腕時計を買いたい。)

Zhǎnlǎnguǎn yǒu hǎo jǐbǎi zhǒng zhǎnpǐn.
2 展览馆 有 好 几百 种 展品。(展覧館には数百種の展示品がある。)

声母の発音練習A

Bàba pà māma, māma bú pà bàba.
1 爸爸 怕 妈妈，妈妈 不 怕 爸爸。(パパはママが恐いけれど、ママはパパが恐くない。)

Tā dìdi tèbié nǔlì.
2 他 弟弟 特别 努力。(彼の弟は特に努力している。)

Gēge kǒu kěle, yào hē kěkǒukělè.
3 哥哥 口 渴了，要 喝 可口可乐。(兄は喉がかわいて、コカコーラが飲みたい。)

Jiějie chīle qī zhī jī.
4 姐姐 吃了 七 只 鸡。(姉は鶏を七羽食べた。)

Sì shì sì, shí shì shí, shísìshì shísì, sìshí shì sìshí.
5 四 是 四，十 是 十，十四是 十四，四十 是 四十。(4は4、10は10、14は14、40は40。)

Zìjǐ chá zìdiǎn, zuò jiātíng zuòyè.
6 自己 查 字典，做 家庭 作业。(自分で辞書を引いて、宿題をする。)

声母の発音練習B

b－p

bó	pó
bǐ	pǐ
bàba	pópo
bābǎo	pōpí
bāpí	búpà

d－t

dá	tā
dé	tè
dǎdǔ	tǔpī
dàdù	tèdì
dìtú	tǔbāo

g－k

gē	kē
gǔ	kǔ
gēge	kēpǔ
gùtǔ	kèdú
gǔkē	kǔbābā

j－q

jī	qī
jì	qù
jījí	qíqū
jùjí	qǔqí
jīqì	qǐjū

zh－ch

zhī	chī
zhǔ	chǔ
zhǔzhì	chìchù
zhùzhái	cháchǔ
zhùchí	chīzhù

z－c

zì	cì
zǔ	cù
zìzé	cūdà
zǔzhī	chǔcí
zìcí	cízhí

第2课

第3课 Nǐ jiào shénme míngzi? 你 叫 什么 名字?

日常会話(Ⅲ)

016

Nǐ jiào shénme míngzi?
1 你 叫 什么 名字?

Wǒ jiào Tiánzhōng Yángyī.
2 我 叫 田中 洋一。

Wǒ xìng Lǐ, jiào Yīnghuá.
3 我 姓 李, 叫 英华。

Chūcì jiànmiàn, qǐng duō guānzhào.
4 初次 见面, 请 多 关照。

Yǐhòu qǐng duō guānzhào.
5 以后 请 多 关照。

Yě qǐng nín duō guānzhào.
6 也 请 您 多 关照。

Rènshi nín hěn gāoxìng.
7 认识 您 很 高兴。

Hǎojiǔ bú jiàn le, nǐ hǎo ma?
8 好久 不 见 了, 你 好 吗?

Tuō nín de fú, wǒ hěn hǎo.
9 托 您 的 福, 我 很 好。

yī èr sān sì wǔ liù qī bā jiǔ shí
10 一 二 三 四 五 六 七 八 九 十

寅(中国・1998年年賀切手)

017

〈本文〉の新出単語

1 名字 míngzi 名 ____________
2 以后 yǐhòu 名 ____________
3 田中洋一 Tiánzhōng Yángyī 人名 ____________
4 李英华 Lǐ Yīnghuá 人名 ____________
5 您 nín 代 ____________
6 什么 shénme 代 ____________
7 叫 jiào 動 ____________
8 姓 xìng 動 ____________
9 见面 jiànmiàn 動 ____________
10 关照 guānzhào 動 ____________
11 认识 rènshi 動 ____________
12 高兴 gāoxìng 形 ____________
13 初次 chūcì 副 ____________
14 好久 hǎojiǔ 副 ____________
15 多 duō 副 ____________
16 也 yě 副 ____________
17 了 le 助 ____________
18 托您的福 tuō nín de fú 句 ____________

発音V 複合母音韻母

018

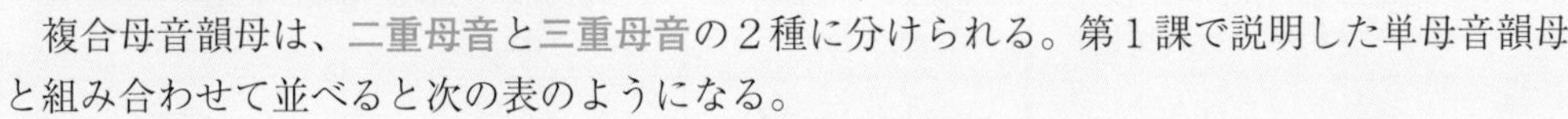
複合母音韻母は、二重母音と三重母音の２種に分けられる。第１課で説明した単母音韻母と組み合わせて並べると次の表のようになる。

	i	u	ü
a	ia	ua	
o		uo	
e	ie		üe
ai		uai	
ei		uei	
ao	iao		
ou	iou		

ピンインの綴り方

①声母に続かない場合

i□ → y□　u□ → w□　ü□ → yu□

②声母に続く場合

□uei → □ui　□iou → □iu

主母音の e、o が消える。

二重母音と三重母音の発音法

①二重母音の口の開き方は２種

A、大→小：ai、ei、ao、ou

B、小→大：ia、ua、ie、uo、üe

②三重母音の口の開き方は小→大→小

uai、uei、iao、iou

発音Ⅵ　そり舌母音韻母と儿化韻母

019

1）そり舌母音韻母 er

そり舌母音韻母とは、母音 er のことである。er の発音法は、単母音 e を発音しながら舌先をそらせて発音する。

二月 èryuè（二月）　　二十 èrshí（二十）　　耳朵 ěrduo（耳）
儿女 érnǚ（息子と娘）　　儿子 érzi（息子）　　女儿 nǚ'ér（娘）
木耳 mù'ěr（キクラゲ）　　银耳 yín'ěr（白キクラゲ）　　二胡 èrhú（胡弓）

2）儿化韻母

一部の単語につく接尾辞「儿」は、独立の音節ではなく、前の音節の韻母に直接「-r」を続けて発音する。その韻母を「儿化韻母」と言う。しかし、前の音節によって、以下のように発音のしかたが異なる。

（A）韻尾が -i、-n の場合は、韻尾の音が消え、主母音に直接 -r を付けて発音する。

単　語	元の発音＋er	儿化韻母表記	実際の発音
一块儿（いっしょに）	yíkuài＋er	yíkuàir	yíkuàr
一会儿（しばらく）	yíhuì（huèi）＋er	yíhuìr	yíhuèr
一点儿（少し）	yìdiǎn＋er	yìdiǎnr	yìdiǎr
一根儿（一本）	yì gēn＋er	yì gēnr	yìgēr

（B）韻尾が -ng の場合は、韻尾の音は消え、主母音が鼻音化する（鼻音化は＿で示す）。

単　語	元の発音＋er	儿化韻母表記	実際の発音
信封儿（封筒）	xìnfēng＋er	xìnfēngr	xìnfḛ̄r̰
有空儿（暇がある）	yǒu kòng＋er	yǒu kòngr	yǒukò̰r̰
树桩儿（木の切り株）	shùzhuāng＋er	shùzhuāngr	shùzhuā̰r̰

（C）その他の場合は、音節末に -r をそのまま付ける。

単　語	元の発音＋er	儿化韻母表記	実際の発音
花儿（花）	huā＋er	huār	
一下儿（ちょっと）	yíxià＋er	yíxiàr	
好好儿（よく；しっかり）	hǎohāo＋er	hǎohāor	

練習

020

1）複合母音韻母の発音練習

ia：yā	yá	yǎ	yà	jiā 家（家）	yáchǐ 牙齿（歯）	xià yǔ 下雨（雨が降る）
ua：wā	wá	wǎ	wà	huā 花（花）	xīguā 西瓜（スイカ）	huálì 华丽（華麗）
uo：wō	wó	wǒ	wò	duō 多（多い）	guòqù 过去（過去）	huòdé 获得（獲得する）
ie：yē	yé	yě	yè	tiě 铁（鉄）	xièxie 谢谢（感謝する）	yéye 爷爷（祖父）
üe：yuē	yué	yuě	yuè	lüè 略（略す）	xiàxuě 下雪（雪が降る）	xuéxí 学习（学習する）
ai：āi	ái	ǎi	ài	lái 来（来る）	dàiyú 带鱼（太刀魚）	nǎinai 奶奶（祖母）
uai：wāi	wái	wǎi	wài	huài 坏（悪い）	wàiguó 外国（外国）	yúkuài 愉快（愉快）
ei：ēi	éi	ěi	èi	gěi 给（与える）	běijí 北极（北極）	péiyù 培育（育成する）
uei：wēi	wéi	wěi	wèi	duì 对（正しい）	huíjiā 回家（家に帰る）	suìshu 岁数（年齢）
ao：āo	áo	ǎo	ào	hǎo 好（よい）	lǎoshī 老师（先生）	cáibǎo 财宝（財宝）
iao：yāo	yáo	yǎo	yào	jiāo 教（教える）	xuéxiào 学校（学校）	mǎi yào 买药（薬を買う）
ou：ōu	óu	ǒu	òu	gǒu 狗（犬）	Ōuzhōu 欧洲（欧州）	shíhou 时候（時）
iou：yōu	yóu	yǒu	yòu	qiū 秋（秋）	píqiú 皮球（ゴムまり）	yǒuhǎo 友好（友好）

021

2）儿化韻母の発音練習

号码儿 hàomǎr（番号）	纸匣儿 zhǐxiár（紙箱）
小孩儿 xiǎoháir（子供）	小鸟儿 xiǎoniǎor（小鳥）
名单儿 míngdānr（名簿）	蜗牛儿 wōniúr（かたつむり）
风车儿 fēngchēr（風車）	闹钟儿 nàozhōngr（目覚まし時計）
树枝儿 shùzhīr（木の枝）	泪水儿 lèishuǐr（涙）
符号儿 fúhàor（符号）	干活儿 gànhuór（働く）

3）日常会話練習：日本語の意味に従って、中国語で会話を練習しなさい。

① A：お名前は何と言いますか。
　B：私は________と申します。

② A：私の名前は________と言います。
　あなたは。
　B：私は________と言います。

③ A：彼女の名前は何と言いますか。
　B：彼女は________と言います。

④ A：初めまして、どうぞよろしく。
　B：こちらこそ、どうぞよろしく。

⑤ A：お会いできて、とても嬉しいです。
　B：私もとても嬉しいです。

4）次の中国語を日本語に訳しなさい。

A：你叫什么名字?

B：我叫赵自力。您呢?（赵自力：Zhào Zìlì）

A：我叫大河内贵子。初次见面，请多多关照。（大河内贵子：Dàhénèi Guìzǐ）

B：认识您很高兴，以后也请您多关照。（以后 yǐhòu：今後）

5）先生に聞いて、自分の名前を中国語で書きなさい。

名前 ＿＿＿＿＿＿＿＿＿＿ ピンイン ＿＿＿＿＿＿＿＿＿＿

你知道吗? Nǐ zhīdao ma?

「東京特許許可局」、何度練習してもうまくできませんが、中国語にも早口言葉（绕口令 ràokǒulìng）があります。すでにご存知の「妈妈骑马 māma mà mǎ」（☞ p19）、「四是四 sì shì sì」（☞ p25）の他にも次のような早口言葉があります。うまく言えますか。

1．白石搭白塔，白塔白石搭，搭好白石塔，石塔白又大。
Báishí dā báitǎ, báitǎ báishí dā, dā hǎo báishítǎ, shítǎ bái yòu dà.
（白い石で白い塔を作る。白い塔は白い石で作る。白い石の塔を作り終わる。石の塔は白くて大きい。） 搭 dā：組み立てる 塔 tǎ：塔

2．吃葡萄不吐葡萄皮儿，不吃葡萄倒吐葡萄皮儿。
Chīpútao bù tǔ pútao pír, bù chī pútao dào tǔ pútaopír.
（葡萄を食べて葡萄の皮を出さず、葡萄を食べないのに葡萄の皮を出す。）

中日漢字の違い（中－日）

认－認　识－識　兴－興　朵－朶　儿－児　银－銀　树－樹

更上一层楼 gèngshàngyìcénglóu

日常会話

Nín guì xìng?
1 您 贵 姓？（お名字は何とおっしゃいますか。）

Miǎnguì, wǒ xìng Lǐ.
2 免贵，我 姓 李。（名乗るほどの者ではありませんが、李と申します。）

Dàjiā dōu hǎo ma?
3 大家 都 好 吗？（皆さん、お元気ですか。）

Wǒmen dōu hěnhǎo.
4 我们 都 很好。（私たちはみんな元気です。）

複合母音韻母の発音練習

ia－ie－üe

yá	yé	yuè
xiá	xié	xué
jiàjiē	jiējià	
xiàxuě	quèqiè	

uo－o

wǒ	pǒ
guó	mó
tuóluó	fǔmō
duōmó	pósuō

ai－ei

gǎi	gěi
lái	léi
chāitái	bèilěi
zāipéi	nèizhái

uai－uei

wài	wèi
kuài	kuì
shuāibài	zhuīhuǐ
guàizuì	duìkāi

ao－ou

āo	ōu
gāo	gōu
háotáo	dǒusǒu
áozhōu	ròubāo

iao－iou

yào	yòu
liáo	liú
jiàoxiāo	xiùqiú
piāoliú	yóutiáo

ai－ia

ài	yà
chái	qiǎ
zāihài	xiàjiā
zàijiā	xiàhǎi

ei－ie

lèi	liè
shuì	xiè
fēizéi	qièjì
hēiyè	xiédài

第4课 现在开始上课

Xiànzài kāishǐ shàngkè

教室用語

022

1 Xiànzài kāishǐ shàngkè.
现在 开始 上课。

2 Qǐng zuò hǎo.
请 坐 好。

3 Qǐng dǎ kāi kèběn.
请 打 开 课本。

4 Qǐng dú kèwén.
请 读 课文。

5 Qǐng zài dú yí biàn.
请 再 读 一 遍。

6 Qǐng gēn wǒ dú.
请 跟 我 读。

7 Qǐng huídá wèntí.
请 回答 问题。

8 Qǐng màndiǎnr shuō.
请 慢点儿 说。

9 Xiànzài xiàkè.
现在 下课。

10 yí ge 一个　liǎng ge 两个　sān ge 三个　sì ge 四个　wǔ ge 五个　liù ge 六个　qī ge 七个
bā ge 八个　jiǔ ge 九个　shí ge 十个

卯（中国・1999年年賀切手）

023

〈本文〉の新出単語

1	现在 xiànzài [名]	________
2	课文 kèwén [名]	________
3	课本 kèběn [名]	________
4	问题 wèntí [名]	________
5	开始 kāishǐ [動]	________
6	上课 shàngkè [動]	________
7	下课 xiàkè [動]	________
8	读 dú [動]	________
9	回答 huídá [動]	________
10	跟 gēn [動]	________
11	说 shuō [動]	________
12	遍 biàn [量]	________
13	再 zài [副]	________
14	慢点儿 màndiǎnr [副]	________
15	坐好 zuò hǎo [句]	________
16	打开 dǎ kāi [句]	________

発音Ⅶ 鼻音韻尾韻母

024

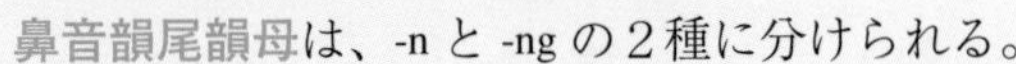

鼻音韻尾韻母は、-n と -ng の２種に分けられる。

-n	an	ian	uan	üan
	en	in	uen	ün
-ng	ang	iang	uang	
	eng	ing	ueng	
	ong	iong		

-n の発音法は舌先を上の前歯の裏にピタッと押しつけ、音の流れをスッパリと断ち切る。日本語の「あんない（案内）」「はんたい（反対）」の「ん」の要領である。

-ng は舌のつけ根を持ち上げて、息を口から出さずに鼻の方へ流し、舌先は力を抜く。日本語の「あんがい（案外）」「きんがく（金額）」の「ん」の要領である。

-n か -ng かはっきりしない場合は、日本語の漢字音が「ーン」なら「-n」、「ーウ、ーイ」なら「-ng」と思い出して発音する。

运动场	进行	人生
yùndòngchǎng	jìnxíng	rénshēng
運動場	進行	人生
ウンドウジョウ	シンコウ	ジンセイ

ピンインの綴り方

①声母に続かない場合

i□ → y□　u□ → w□　ü□ → yu□

②声母に続く場合

uen → un

主母音の e が消える。

発音Ⅷ　変調（2）：「不」と「一」の変調

（1）「不」の変調

025

「不 bù」は、**後続字が第４声の字の場合、声調は第２声に変わる**。しかし、後ろが第１声、第２声、第３声の字の場合、「不」の声調は変わらない。

不 bù＋１声（変調しない）	不多 bù duō（多くない）	不吃 bù chī（食べない）
不 bù＋２声（変調しない）	不来 bù lái（来ない）	不红 bù hóng（赤くない）
不 bù＋３声（変調しない）	不好 bù hǎo（よくない）	不远 bù yuǎn（遠くない）
不 bù＋４声→不 bú＋４声	不会 bú huì（できない）	不去 bú qù（行かない）
	不要 bú yào（要らない）	不够 bú gòu（足りない）

また、三音節の単語の中間にある「不」は軽声になる。

対不起 duìbuqǐ（すみません）　差不多 chàbuduō（ほとんど同じ）

会不会 huì bu huì（出来ますか）

> **注意**　変調した「不」の声調記号は、変調前の第４声か変調後の第２声かのどちらの表記をしてもかまわないが、この教科書では分かりやすくするために、変調後の形で表記する。

（2）「一」の変調

「一 yī」の変調は、

A）後続字が第１声、第２声、第３声の場合は第４声に変調する。
B）後続字が第４声の場合は第２声に変調する。

一 yī＋１声 → 一 yì＋１声	一天 yì tiān（一日）	一支 yì zhī（一本）
一 yī＋２声 → 一 yì＋２声	一年 yì nián（一年）	一回 yì huí（一度；一回）
一 yī＋３声 → 一 yì＋３声	一百 yì bǎi（百）	一碗 yì wǎn（一杯）
一 yī＋４声 → 一 yí＋４声	一万 yí wàn（一万）	一次 yí cì（一回）

また、三音節の単語の中間にある「一」は軽声になる。

想一想 xiǎng yi xiǎng（ちょっと考える）　找一找 zhǎo yi zhǎo（ちょっと探す）

> **注意**　変調した「一」の声調記号は、変調前の第１声か変調後の声調（第２声または第４声）かのどちらの表記をしてもかまわないが、この教科書では変調後の形で表記する。

練　習

026

1）鼻音韻尾韻母の発音練習

an	: ān	án	ǎn	àn	kàn 看（見る）	mǐfàn 米饭（ご飯）
ian	: yān	yán	yǎn	yàn	xiān 先（先に）	chōu yān 抽烟（タバコを吸う）
uan	: wān	wán	wǎn	wàn	guān 关（閉める）	suànpán 算盘（そろばん）
üan	: yuān	yuán	yuǎn	yuàn	quán 泉（泉）	quánbù 全部（全部）
en	: ēn	én	ěn	èn	mén 门（ドア）	ēnqíng 恩情（恩）
in	: yīn	yín	yǐn	yìn	xīn 新（新しい）	yínháng 银行（銀行）
uen	: wēn	wén	wěn	wèn	kùn 困（眠い）	chūntiān 春天（春）
ün	: yūn	yún	yǔn	yùn	yún 云（雲）	xùnsù 迅速（迅速）
ang	: āng	áng	ǎng	àng	shàng 上（上）	zhùfáng 住房（住宅）
iang	: yāng	yáng	yǎng	yàng	xiǎng 想（思う）	zhōngyāng 中央（中央）
uang	: wāng	wáng	wǎng	wàng	huáng 黄（黄色）	huāngmáng 慌忙（慌しい）
eng	: ēng	éng	ěng	èng	děng 等（待つ）	chéngshì 城市（都市）
ing	: yīng	yíng	yǐng	yìng	bìng 病（病気）	jīngjì 经济（経済）
ueng	: wēng	wéng	wěng	wèng	wēng 翁（老人）	
ong	: sōng	sóng	sǒng	sòng	sōng 松（松）	tóngxué 同学（同級生）
iong	: yōng	yóng	yǒng	yòng	yòng 用（用いる）	yǒngyuǎn 永远（永遠）

2）次の単語の「不」と「一」に声調記号をつけなさい。

不酸 bu suān（酸っぱくない）	不甜 bu tián（甘くない）
不苦 bu kǔ（苦くない）	不辣 bu là（辛くない）
不咸 bu xián（塩辛くない）	不客气 bu kèqi（どういたしまして）
不累 bu lèi（疲れない）	不好吃 bu hǎochī（美味しくない）
不行 bu xíng（不可である）	不舒服 bu shūfu（気分が悪い）

一般 yibān（普通）	一样 yiyàng（同じ）
一定 yidìng（きっと）	一起 yiqǐ（一緒）
一排 yi pái（一列）	一行 yi háng（一行）
一本 yi běn（一冊）	一支 yi zhī（一本）
一杯 yi bēi（一杯）	一台 yi tái（一台）

3）次の文を読みなさい。

① 请打开课本，今天学习第四课。 Qǐng dǎ kāi kèběn, jīntiān xuéxí dì sì kè.

（教科書を開いてください。今日は第四課を勉強します。）

② 请跟我读一遍课文。 Qǐng gēn wǒ dú yí biàn kèwén.（私について本文を一度読みましょう。）

③ 请坐好，现在开始上课。 Qǐng zuò hǎo, xiànzài kāishǐ shàngkè.

（きちんと座ってください、いまから授業を始めます。）

④ 今天就学到这儿，现在下课。 Jīntiān jiù xué dào zhèr, xiànzài xià kè.

（今日はここまでにします。これで授業を終わります。）

你知道吗？ Nǐ zhīdao ma?

生まれ年に鼠や蛇などの動物を配当して「私は寅年（とらどし）です」などという干支（えと）の風習は中国に由来します。中国ではふつう、「鼠 shǔ, 牛 niú, 虎 hǔ, 兔 tù, 龙 lóng, 蛇 shé, 马 mǎ, 羊 yáng, 猴 hóu, 鸡 jī, 狗 gǒu, 猪 zhū」といい、「我属蛇。Wǒ shǔ shé.」「我的生肖是蛇。Wǒ de shēngxiào shì shé.」のように使います。あなたは何年（なにどし）生まれですか。

中日漢字の違い（中－日）

现－現　开－開　课－課　读－読　问－問　题－題　说－説

个－個・箇　吃－喫　红－紅　远－遠　差－差

更上一层楼 gèngshàngyìcénglóu

日常会話

1 Qǐng chāoxiě shēngcí.
请抄写生词。

2 Qǐng bèi kèwén.
请背课文。

3 Tīng dǒng le ma?
听懂了吗?

4 Tīng dǒng le.
听懂了。

5 Hái méi tīng dǒng.
还没听懂。

6 Zhè shì jīntiān de zuòyè.
这是今天的作业。

鼻音韻尾韻母の発音練習

an – en

pān	pēn
gānfàn	gēnběn
hánchen	shēnbàn

an – ang

shān	shāng
bānchán	bāngmáng
sànchǎng	hángbān

in – ing

mín	míng
yīnyǔ	yīngyǔ
xīnqíng	qīngxīn

ian – üan

yán	yuán
qiántiān	xuānchuán
jiànquán	yuánjiàn

uan – uang

shuān	shuāng
tuánluán	zhuàngkuàng
duǎnqiāng	huāngluàn

uan – uen

rán	rén
zhuǎnwān	chūnsǔn
huánhún	hùnluàn

ian – iang

qiǎn	qiǎng
jiǎnmiǎn	xiāngjiāng
liánxiǎng	jiāngbiān

eng – ong

děng	dǒng
bù téng	bù tóng
fēngdòng	dōngfēng

in – ün

qín	qún
jīnyín	jūnxùn
yīnyùn	xúnqīn

en – eng

rěn	lěng
fènhèn	péngchéng
bēnténg	chéngzhèn

第5课 我是日本人

Wǒ shì Rìběnrén

027

Nǐ shì Zhōngguórén ma?
田 中：你 是 中国人 吗？

Shì de, wǒ shì Zhōngguórén. Nǐ yě shì Zhōngguórén ma?
李英华：是 的，我 是 中国人。你 也 是 中国人 吗？

Bú shì, wǒ bú shì Zhōngguórén, wǒ shì Rìběnrén.
田 中：不 是，我 不 是 中国人，我 是 日本人。

Nǐ jiào shénme míngzi?
李英华：你 叫 什么名字？

Wǒ jiào Tiánzhōng Yángyī. Nǐ jiào shénme míngzi?
田 中：我 叫 田中 洋一。你 叫 什么 名字？

Wǒ jiào Lǐ Yīnghuá.
李英华：我 叫 李 英华。

Nǐ shì liúxuéshēng ma?
田 中：你 是 留学生 吗？

Shì de, wǒ shì liúxuéshēng.
李英华：是 的，我 是 留学生。

yǐhòu qǐng duō guānzhào.
田 中：以后 请 多 关照。

Yě qǐng nǐ duō guānzhào.
李英华：也 请 你 多 关照。

辰（中国・2000年年賀切手）

028

〈本文〉の新出単語

1	日本人 Rìběnrén 名 ＿＿＿＿	4	是 shì 動 ＿＿＿＿
2	中国人 Zhōngguórén 名 ＿＿＿＿	5	是的 shì de 句 ＿＿＿＿
3	留学生 liúxuéshēng 名 ＿＿＿＿	6	不是 bú shì 句 ＿＿＿＿

文法01 人称代名詞と疑問代名詞「谁」

人称代名詞単数形には、第一人称「我 wǒ」、第二人称「你 nǐ」と第三人称「他・她 tā」がある。単数形の後ろに「们 men」（…たち、…ら）をつけると複数形になる。また、第二人称の単数形には「您 nín」という尊称もある。人を指す疑問代名詞には「谁 shuí / shéi」があるが、単数と複数の区別はない。

	単　数	複　数
第一人称	我 wǒ（わたし）	我们 wǒmen（わたしたち）
第二人称	你 nǐ（あなた） 您 nín（あなた）	你们 nǐmen（あなたたち）
第三人称	他 tā（彼） 她 tā（彼女）	他们 tāmen（彼ら） 她们 tāmen（彼女ら）
疑問代名詞	谁 shuí / shéi（誰）	

文法02 指示代名詞

中国語の指示代名詞は、日本語と異なる。日本語は「こ、そ、あ、ど（これ、それ、あれ、どれ／ここ、そこ、あそこ、どこ）」の四系統だが、中国語は「这 zhè、那 nà、哪 nǎ」の三系統である。おおむね、「これ」は「这 zhè」、「それ、あれ」は「那 nà」に当たる。

	こ～	そ～ / あ～	ど～
	这 zhè・zhèi	那 nà・nèi	哪 nǎ・něi
事　物	这个 zhège・zhèige（これ、この）	那个 nàge・nèige（それ、あれ；その、あの）	哪个 nǎge・něige（どれ、どの）
複数の物	这些 zhèxiē・zhèixiē（これら、これらの）	那些 nàxiē・nèixiē（それら、あれら；それらの、あれらの）	哪些 nǎxiē・něixiē（どれら、どれらの）
場　所	这儿 zhèr 这里 zhèli（ここ）	那儿 nàr 那里 nàli（そこ、あそこ）	哪儿 nǎr 哪里 nǎli（どこ）

注意 事物を指すには、「这、那、哪」はあまり使わず、「这个、那个、哪个」を使う。

文法03 「是」の構文

「是 shì」は、日本語で「…である」と訳すが、中国語では動詞である。

主語＋是＋目的語

日本語に訳すと、「（主語）は（目的語）です」となる。

（1）这是什么？ **Zhè shì shénme?**（これは何ですか。）

那是课本。 **Nà shì kèběn.**（それは教科書です。）

（2）他是老师。 **Tā shì lǎoshī.**（彼は先生です。）

また、否定副詞「不 bù」を「是」の前に置くと否定形になり、文末に疑問詞「吗 ma」をつけると一般疑問文（☞ p46）になる。

（3）这不是课本。 **Zhè bú shì kèběn.**（これは教科書ではありません。）

（4）这是课本吗？ **Zhè shì kèběn ma?**（これは教科書ですか。）

文法04 限定語と助詞「的」

限定語とは、連体修飾語のように名詞や代名詞などを修飾する名詞・動詞・形容詞などを指し、修飾された名詞や代名詞などを中心語と言う。限定語と中心語との間には助詞「的 de」を使うことが多い。

（5）我的老师 **wǒ de lǎoshī**（私の先生）　买的书 **mǎi de shū**（買った本）

状況から明らかな場合、中心語を省略できる。

（6）A：这是谁的（书）？ **Zhè shì shuí de (shū)?**〈これは誰の（本）ですか。〉

B：我的（书）。 **Wǒ de (shū).**〈私の（本）です。〉

親族関係や所属関係などを表すとき、限定語が代名詞であれば、「的」は省略できる。

親族関係：我爸爸 **wǒ bàba**（私の父）　她妈妈 **tā māma**（彼女のお母さん）

所属関係：我家 **wǒ jiā**（私の家）　他们学校 **tāmen xuéxiào**（彼らの学校）

〈文法〉の新出単語

1　书 shū 名 ____________　3　课本 kèběn 名 ____________

2　家 jiā 名 ____________　4　老师 lǎoshī 名 ____________

練　習　（〈練習〉の新出単語　☞ p42）

1）次のピンインを漢字に改めて、日本語に訳しなさい。

① Wǒmen shì Zhōngguórén.

________________　訳：________________

② Tāmen yě shì Rìběnrén.

________________　訳：________________

③ Tā gēge shì dàxuéshēng.

________________　訳：________________

④ Zhè shì shénme?

________________　訳：________________

⑤ Tā shì nǐ de lǎoshī ma?

________________　訳：________________

2）次の中国語を日本語に訳しなさい。

① 他是我的朋友。 Tā shì wǒ de péngyou.

____

② 我爸爸是大学老师。 Wǒ bàba shì dàxué lǎoshī.

____

③ 这不是我的书。 Zhè bú shì wǒ de shū.

____

④ 他是谁？　他是留学生，叫李英华。 Tā shì shuí? Tā shì liúxuéshēng, jiào Lǐ Yīnghuá.

____

⑤ 北京是中国的首都，东京是日本的首都。

Běijīng shì Zhōngguó de shǒudū, Dōngjīng shì Rìběn de shǒudū.

____

3）次の日本語を中国語に訳しなさい。

① あれは何ですか。　あれは四天王寺です。

____

② これは私の本です。

____

③ 妹さんも大学生ですか。

____

④ そのカバンは私のではありません。

____

⑤ 大阪は日本の首都ではありません。

____

4）友達と、次の会話を練習しなさい。

① A：你叫什么名字?

B：我叫__________。

② A：这是铅笔吗?

B：是的，那是铅笔。

③ A：你是大学生吗?

B：是的，我是大学生。

④ A：你爸爸是老师吗?

B：是的，他是老师。

⑤ A：你是老师吗?

B：不是，我不是老师。

⑥ A：这是课本吗?

B：不是，那不是课本。

⑦ A：这是你的书包吗?

B：不是，那不是我的书包。

⑧ A：你是哪个大学的学生?

B：我是________大学的学生。你呢?

A：我是________大学的学生。

〈練習〉の新出単語

1 书包 shūbāo [名] かばん

2 首都 shǒudū [名] 首都

3 铅笔 qiānbǐ [名] 鉛筆

4 大学 dàxué [名] 大学

5 大学生 dàxuéshēng [名] 大学生

6 哥哥 gēge [名] 兄

7 妹妹 mèimei [名] 妹

8 朋友 péngyou [名] 友達

9 四天王寺 Sìtiānwáng-Sì [名] 四天王寺

10 中国 Zhōngguó [国名] 中国

11 日本 Rìběn [国名] 日本

12 北京 Běijīng [地名] 北京

13 东京 Dōngjīng [地名] 東京

14 大阪 Dàbǎn [地名] 大阪

更上一层楼 gèngshàngyìcénglóu

中国語の品詞・文の成分と基本的な語順

中国語の品詞は、**名词** míngcí（名詞）、**动词** dòngcí（動詞）、**形容词** xíngróngcí（形容詞）、**代词** dàicí（代名詞）、**数词** shùcí（数詞）、**量词** liàngcí（助数詞）、**副词** fùcí（副詞）、**叹词** tàncí（感嘆詞）、**介词** jiècí（前置詞）、**连词** liáncí（接続詞）、**助词** zhùcí（助詞）、**语气词** yǔqìcí（語気助詞）など12種類に分類される。

中国語の文の成分は、**主语** zhǔyǔ（主語）、**谓语** wèiyǔ（述語）、**宾语** bīnyǔ（目的語）、**定语** dìngyǔ（限定語☞ p40・p45）、**状语** zhuàngyǔ（状態語☞ p88）、**补语** bǔyǔ（補語☞ p118）など６種類である。そのうち、**主语**と**谓语**と**宾语**の三つが主な成分である。

中国語の基本的な語順は「主语＋谓语＋宾语」で、日本語と異なる。すべての成分を使った場合、中国語の文の構成は次のようになる。

（定语）　主语＋（状语）谓语（补语）＋（定语）宾语
（限定語）主語＋（状態語）述語（補語）＋（限定語）目的語

注意　中国語は日本語のような「は、が、を、に」などの格助詞がなく、また動詞の活用変化もない。

你知道吗？ Nǐ zhīdao ma?

日本語の仮名は音声を写すのに便利ですが、反面でカタカナ言葉の氾濫という弊害をまねいています。漢字を使う中国語では、外来語は意味をとって翻訳する意訳が普通です。次の言葉は日本語ではカタカナ語となる乗り物です。何だかわかりますか。

1）出租汽车 chūzū qìchē	2）单轨电车 dānguǐ diànchē
3）直升飞机 zhíshēng fēijī	4）喷气式飞机 pēnqìshì fēijī
5）火箭 huǒjiàn	6）吊车 diàochē
7）智能手机 zhìnéng shǒujī	8）面包车 miànbāochē

中日漢字の違い（中－日）

谁－誰　　师－師　　买－買　　丽－麗

第6课 Nǐ máng ma? 你忙吗?

029

Xiǎo Lǐ, zǎoshang hǎo.
田　中：小　李，早上　好。

Nǐ zǎo, Tiánzhōng.
李英华：你　早，田中。

Jīntiān zhēn rè.
田　中：今天　真　热。

Shì de, zhè jǐ tiān dōu hěn rè.
李英华：是　的，这　几　天　都　很　热。

Hǎojiǔ bú jiàn le, nǐ shēntǐ hǎo ma?
田　中：好久　不　见　了，你　身体　好　吗?

Xièxie, wǒ hěn hǎo. Nǐ ne?
李英华：谢谢，我　很　好。你呢?

Wǒ yě hěn hǎo.
田　中：我　也　很　好。

Nǐ zuìjìn máng bu máng?
李英华：你　最近　忙　不　忙?

Bú tài máng. Nǐ ne, hěn máng ma?
田　中：不　太　忙。你　呢，很　忙　吗?

Shì de, wǒ zuìjìn hěn máng.
李英华：是　的，我　最近　很　忙。

巳（中国・2001年年賀切手）

030

〈本文〉の新出単語

1 今天 jīntiān 名 ________
2 身体 shēntǐ 名 ________
3 小李 Xiǎo Lǐ 名 ________
4 热 rè 形 ________
5 忙 máng 形 ________
6 真 zhēn 副 ________
7 都 dōu 副 ________
8 最近 zuìjìn 副 ________
9 呢 ne 助 ________
10 你早 nǐ zǎo 句 ________
11 几天 jǐ tiān 句 ________
12 不太 bútài 句 ________

文法05 形容詞述語文

形容詞述語文とは、形容詞が述語になる文である。

（限定語）＋主語＋（状態語）＋形容詞述語

日本語に訳すと、「（主語）は（状態語）のように（形容詞述語）だ」となる。否定文の場合、形容詞述語の前に否定副詞「不」を置く。

（1）今天很暖和。 Jīntiān hěn nuǎnhuo.（今日はとても暖かい。）

（2）中国菜非常好吃。 Zhōngguócài fēicháng hǎochī.（中国料理はとてもおいしい。）

（3）我们学校非常漂亮。 Wǒmen xuéxiào fēicháng piàoliang.
（私たちの学校はとても美しい。）

（4）这个中国菜不好吃。 Zhège zhōngguócài bù hǎochī.
（この中国料理は美味しくない。）

（5）我不忙。 Wǒ bù máng.（私は忙しくない。）

注意　1）主語の限定語はなくてもかまわないが、形容詞を修飾する状態語は必要である。
2）一般には、形容詞述語の前に「是」をつけない。

文法06 形容詞限定語

形容詞限定語は、中心語の前に置いて使う。その時、形容詞限定語と中心語との間に助詞「的」を使うかどうかは、形容詞限定語の音節数によって異なる。

1）形容詞限定語が単音節形容詞の場合、中心語の前に直接置くことができる。

（6）好人 hǎo rén（いい人）　好事情 hǎo shìqing（いいこと）
小书包 xiǎo shūbāo（小さなカバン）　大西瓜 dà xīguā（大きなスイカ）

しかし、形容詞の前に副詞「很 hěn」などを使う場合には、形容詞限定語と中心語との間に「的」が必要である。

（7）很好的人 hěn hǎo de rén（とてもいい人）
很好的事情 hěn hǎo de shìqing（とてもいいこと）

2）限定語が２音節形容詞の場合、限定語と中心語との間に「的」が必要である。

（8）美丽的家 měilì de jiā（きれいな家）　漂亮的姑娘 piàoliang de gūniang（きれいな娘）

文法07 一般疑問文

中国語の疑問文は、一般疑問文、疑問詞疑問文（☞ p52）、選択疑問文（☞ p106）、反復疑問文（☞）の4種類に分けられる。

一般疑問文とは、文末に疑問詞「吗 ma・吧 ba」を付ける疑問文である。その疑問に対し、肯定のときは「是 shì・是的 shì de」、否定のときは「不 bù・不是 bú shì」などと答える。

（9）他是中国人吗？ Tā shì Zhōngguórén ma?（彼は中国人ですか。）

是的，他是中国人。 Shì de, tā shì Zhōngguórén.（はい、彼は中国人です。）

（10）你吃中国菜吗？ Nǐ chī zhōngguócài ma?（あなたは中国料理を食べますか。）

不，我不吃中国菜。 Bù, wǒ bù chī zhōngguócài.（いいえ、食べません。）

（11）你忙吗？ Nǐ máng ma?（お忙しいですか。）

我不忙。 Wǒ bù máng.（忙しくありません。）

文法08 反復疑問文

反復疑問文とは、述語部分の動詞や形容詞に肯定形と否定形とを併用して作る疑問文で（文末に「吗」は付けない）、それに対する返事は、述語の肯定形あるいは否定形で答える。

（12）他是不是中国人？ Tā shì bu shì Zhōngguórén?（彼は中国人ですか。）

他是中国人。 Tā shì Zhōngguórén.（彼は中国人です。）

（13）你吃不吃西瓜？ Nǐ chī bu chī xīguā?（あなたはスイカを食べますか。）

我吃西瓜。 Wǒ chī xīguā.（食べます。）

（14）这个西瓜好吃不好吃？ Zhège xīguā hǎochī bu hǎochī?

（このスイカはおいしいですか。）

这个西瓜不好吃。 Zhège xīguā bù hǎochī.（このスイカは美味しくありません。）

〈文法〉の新出単語

1 中国菜 zhōngguócài [名] ＿＿＿＿＿＿

2 事情 shìqing [名] ＿＿＿＿＿＿

3 人 rén [名] ＿＿＿＿＿＿

4 姑娘 gūniang [名] ＿＿＿＿＿＿

5 西瓜 xīguā [名] ＿＿＿＿＿＿

6 美丽 měilì [形] ＿＿＿＿＿＿

7 漂亮 piàoliang [形] ＿＿＿＿＿＿

8 暖和 nuǎnhuo [形] ＿＿＿＿＿＿

9 好吃 hǎochī [形] ＿＿＿＿＿＿

10 大 dà [形] ＿＿＿＿＿＿

11 小 xiǎo [形] ＿＿＿＿＿＿

12 非常 fēicháng [副] ＿＿＿＿＿＿

練　習　（〈練習〉の新出単語 ☞ p49）

1）次のピンインを漢字に改めて、日本語に訳しなさい。

① Zhōngguócài hěn hǎochī.

________________ 訳：________________

② Nǐmen de xuéxiào piàoliang ma?

________________ 訳：________________

③ Wǒ zuìjìn bú tài máng.

________________ 訳：________________

④ Jīntiān rè bu rè?　Jīntiān bú tài rè.

________________ 訳：________________

⑤ Hǎojiǔ bú jiàn le, nǐ shēntǐ hǎo ma?

________________ 訳：________________

2）次の中国語を日本語に訳しなさい。

① 我每天都打工，很累。 Wǒ měitiān dōu dǎgōng, hěn lèi.

____

② 他的新汽车很漂亮。 Tā de xīn qìchē hěn piàoliang.

____

③ 这是他的新汽车。 Zhè shì tā de xīn qìchē.

____

④ 这位漂亮的姑娘是谁? Zhè wèi piàoliang de gūniang shì shéi?

____

⑤ 你们的学校大不大? Nǐmen de xuéxiào dà bu dà?

____

3）次の日本語を中国語に訳しなさい。

① 最近はお忙しいですか。　とても忙しいです。

____

② 日本のスイカはとても高いです。

____

③ 味噌汁はおいしいですか。(反復疑問文で)

____

④ このマーボー豆腐は辛いですか。

____

⑤ 昨日はとても寒かった。

____

4)友達と、次の会話を練習しなさい。

① A：你最近忙吗?

B：我最近很忙。

② A：你哥哥好吗?

B：谢谢，他很好。

③ A：中国菜好吃吗?

B：中国菜很好吃。

④ A：日本菜好吃不好吃?

B：日本菜很好吃。

⑤ A：这个书包贵不贵?

B：不贵。

⑥ A：你们的学校大不大?

B：不太大。

5)次の文の誤りを正しく改めなさい。

① 他是很好人。 ______________________________

② 你最近忙不忙吗? ______________________________

③ 我很好也。 ______________________________

④ 今天太不热。 ______________________________

6)日本語の意味に合うように、中国語の単語を並べ替えて正しい文を作りなさい。

① 家　漂亮　很　的　我(私の家はとてもきれいです。)

____

② 大　你们　吗　学校(あなたたちの学校は大きいですか。)

____

③ 好吃　麻婆豆腐　不　好吃（マーボー豆腐は美味しいですか。）

____

④ 今天　很　昨天　热　也　热　很（昨日は暑く、今日も暑い。）

____

⑤ 那个　这个　不　贵　也　不　贵（これは高くなく、それも高くない。）

____

〈練習〉の新出単語

1 汽车 qìchē [名] 自動車；乗用車
2 麻婆豆腐 mápó dòufu [名] マーボー豆腐
3 酱汤 jiàngtāng [名] 味噌汁
4 日本菜 rìběncài [名]
5 昨天 zuótiān [名] 昨日
6 高 gāo [形] 高い
7 新 xīn [形] 新しい
8 冷 lěng [形] 寒い
9 辣 là [形] 辛い
10 贵 guì [形] 値段が高い
11 好喝 hǎohē [形]（飲み物が）美味しい
12 位 wèi [量]（敬意をこめた人数の数え方）…人；…名

更上一层楼 gèngshàngyìcénglóu

中国語の述語文

述語を基準にして見ると、中国語の文は名詞述語文（☞ p63）、動詞述語文（☞ p51）、形容詞述語文（☞ p45）、主述述語文（☞ p93）の４種類に分けられる。

名詞述語文、形容詞述語文、主述述語文の語順は日本語とほぼ同じであるが、動詞述語文は、目的語がある場合、**動詞と目的語の位置は日本語と反対になる**。

	主　語	述　語	日本語の意味
名詞述語文	今天	星期一。	今日は月曜日です。
形容詞述語文	我	很高兴。	私はとても嬉しい。
主述述語文	我	头疼。	私は頭が痛い。

		主　語	述語動詞	目的語	日本語の意味
動詞述語文	他動詞	我们	学	汉语。	私たちは中国語を学びます。
	自動詞	我们	明天见面。		私たちは明日会います。

中日漢字の違い（中－日）

热－熱　丽－麗　酱－醤　汤－湯

第7课 你吃什么？

Nǐ chī shénme?

031

Xiǎo Lǐ, nǐ chī fàn le ma?
田　中：小李，你吃饭了吗？

Hái méiyǒu.
李英华：还没有。

Nà wǒmen yìqǐ qù shítáng chī fàn ba.
田　中：那我们一起去食堂吃饭吧。

Hǎo, zǒu ba.
李英华：好，走吧。

（食堂で）

Rén zhēnduō wa! Nǐ chī shénme?
李英华：人真多哇！你吃什么？

Wǒ chī gālífàn, nǐ ne?
田　中：我吃咖喱饭，你呢？

Wǒ chī chǎofàn, zài chángchang zhèr de mápódòufu.
李英华：我吃炒饭，再尝尝这儿的麻婆豆腐。

Nǐ hē shuǐ ma?
田　中：你喝水吗？

Bù, wǒ bù hē shuǐ, wǒ hē chá.
李英华：不，我不喝水，我喝茶。

Hǎo, wǒ qù ná.
田　中：好，我去拿。

午（中国・2002年年賀切手）

032

〈本文〉の新出単語

1 食堂 shítáng 名 ________________

2 咖喱饭 gālífàn 名 ________________

3 炒饭 chǎofàn 名 ________________

4 水 shuǐ 名 ________________

5 茶 chá 名 ________________

6 去 qù 動 ________________

7 尝 cháng 動 ________________

8 喝 hē 動 ________________

9 拿 ná 動 ________________

10 多 duō 形 ________________

11 一起 yìqǐ 副 ________________

12 那 nà 接 ________________

13 哇 wa 助 ________________

14 还没有 hái méiyǒu 句 ________________

第7课

文法09 動詞述語文

動詞述語文とは、動詞が述語になる文である。

（限定語）＋主語＋（状態語）＋動詞述語＋（目的語）

日本語に訳すと、「（主語）は（状態語）のように（目的語）を（動詞述語）する」となる。

（1）我们认真学习汉语。 Wǒmen rènzhēn xuéxí Hànyǔ.（私達はまじめに中国語を勉強します。）

日本語と同様に、中国語の動詞も他動詞と自動詞との区別がある。他動詞は目的語を必要とし、自動詞は目的語が不要である。

（2）我看电视。 Wǒ kàn diànshì.（私はテレビを見ます。）

（3）哥哥明天休息。 Gēge míngtiān xiūxi.（兄は明日休みます。）

文法10 連動文

連動文とは、一つの主語に二つあるいは二つ以上の動詞を連用する動詞述語文である。複数の述語動詞の間には次のような意味関係がある。

1）動作の前後の順を表す。

（4）弟弟经常吃饭后看电视。 Dìdi jīngcháng chī fàn hòu kàn diànshì.

（弟はいつもご飯を食べた後、テレビを見ます。）

（5）我每天买菜、做饭、洗碗，很累。 Wǒ měitiān mǎi cài, zuò fàn, xǐ wǎn, hěn lèi.

（私は毎日買い物をして、ご飯を作り、食器も洗い、とても疲れます。）

2）複数の動作が同時に進行することを表す。

（6）他经常听着音乐看书。 Tā jīngcháng tīngzhe yīnyuè kàn shū.

（彼はいつも音楽を聞きながら本を読みます。）

（7）他们边看边吃。 Tāmen biān kàn biān chī.（彼らは見ながら食べます。）

3）前の動詞は後ろの動詞の手段や方法を表す。

（8）我骑自行车上学。 Wǒ qí zìxíngchē shàng xué.（私は自転車で学校へ行きます。）

（9）请用汉语说。 Qǐng yòng Hànyǔ shuō.（中国語で話してください。）

4）後ろの動詞は前の動詞の目的を表す。

（10）我现在去饭馆儿打工。 Wǒ xiànzài qù fànguǎnr dǎgōng.

（私はいまからレストランへアルバイトをしに行きます。）

（11）他来食堂吃饭。 Tā lái shítáng chī fàn.（彼は食堂にご飯を食べに来ます。）

文法11 動詞の重ね型

動詞の重ね型は、「少し…する／ちょっと…する」のように、動作の回数が少ない、継続時間が短いなどの意味を表す。

	単音節動詞	2音節動詞
VV	看看（ちょっと見る）	学习学习（ちょっと勉強する）
V一V	看一看（ちょっと見る）	－
V了V	看了看（ちょっと見た）	－
V了一V	看了一看（ちょっと見た）	－

動詞に「一下儿 yíxiàr／一会儿 yíhuìr」をつける型も、動詞の重ね型と同じ意味を表す。「一下儿」は動作の回数が少ないこと、「一会儿」は動作の継続時間が短いことを表す。

（9）等一下儿 děng yíxiàr（ちょっと待つ）
　　等一会儿 děng yíhuìr（しばらく待つ）
　　休息一下儿 xiūxi yíxiàr（ちょっと休憩する）
　　休息一会儿 xiūxi yíhuìr（しばらく休憩する）

文法12 疑問詞疑問文

疑問詞疑問文とは、疑問詞を使って特定の部分を問う疑問文である（疑問詞「吗」はつけない）。

（10）你吃什么? Nǐ chī shénme?（あなたは何を食べますか。）
　　我吃咖喱饭。 Wǒ chī gālífàn.（カレーライスを食べます。）
（11）他是哪国人? Tā shì nǎ guó rén?（彼はどこの国の人ですか。）
　　他是中国人。 Tā shì Zhōngguórén.（彼は中国人です。）
（12）谁是老师? Shuí shì lǎoshī?（誰が先生ですか。）
　　他是老师。 Tā shì lǎoshī.（彼が先生です。）

〈文法〉の新出単語

1 汉语 Hànyǔ 名 ＿＿＿＿
2 电视 diànshì 名 ＿＿＿＿
3 弟弟 dìdi 名 ＿＿＿＿
4 自行车 zìxíngchē 名 ＿＿＿＿
5 后 hòu 名 ＿＿＿＿
6 碗 wǎn 名 ＿＿＿＿
7 菜 cài 名 ＿＿＿＿
8 学习 xuéxí 動 ＿＿＿＿
9 休息 xiūxi 動 ＿＿＿＿
10 等 děng 動 ＿＿＿＿
11 看 kàn 動 ＿＿＿＿
12 骑 qí 動 ＿＿＿＿
13 上学 shàngxué 動 ＿＿＿＿
14 洗 xǐ 動 ＿＿＿＿
15 用 yòng 動 ＿＿＿＿
16 打工 dǎgōng 動 ＿＿＿＿
17 来 lái 動 ＿＿＿＿
18 买 mǎi 動 ＿＿＿＿
19 做 zuò 動 ＿＿＿＿
20 认真 rènzhēn 副 ＿＿＿＿
21 经常 jīngcháng 副 ＿＿＿＿
22 边…边… biān…biān… 句 ＿＿＿＿

練　習　(〈練習〉の新出単語 ☞ p54)

第7课

1）次のピンインを漢字に改めて、日本語に訳しなさい。

① Nǐ chī fàn le ma?

______________________ 訳：______________________

② Wǒmen yìqǐ qù shítáng ba.

______________________ 訳：______________________

③ Dìdi biān chī fàn biān kàn diànshì.

______________________ 訳：______________________

④ Wǒ chī lāmiàn.

______________________ 訳：______________________

⑤ Qǐng děng yíxiàr.

______________________ 訳：______________________

2）次の中国語を日本語に訳しなさい。

① 弟弟学习英语，我学习汉语。 Dìdi xuéxí Yīngyǔ, wǒ xuéxí Hànyǔ.

____

② 小李和田中一起去饭馆儿吃饭。 Xiǎo Lǐ hé Tiánzhōng yìqǐ qù fànguǎnr chī fàn.

____

③ 我今天休息，明天不休息。 Wǒ jīntiān xiūxi, míngtiān bù xiūxi.

____

④ 我骑自行车去学校。 Wǒ qí zìxíngchē qù xuéxiào.

____

⑤ 妈妈边洗衣服边看电视。 Māma biān xǐ yīfu biān kàn diànshì.

____

3）次の日本語を中国語に訳しなさい。

① あなたは何を食べますか。　ラーメンを食べます。

____

② 私は味噌汁を飲みます。

____

③ 彼らは歩きながら話します。

____

④ 兄は店へカバンを買いに行きます。

____

⑤ ちょっと休憩しましょう。

____

4）友達と、次の会話を練習しなさい。

① A：你吃饭了吗?

B：还没有。

② A：你吃咖喱饭吗?

B：我吃咖喱饭。

③ A：你吃什么?

B：我吃拉面。

④ A：你吃不吃麻婆豆腐?

B：我不吃麻婆豆腐。

⑤ A：你喝不喝酱汤?

B：不喝。

⑥ A：我们一起去食堂吃饭吧。

B：好，走吧。

5）日本語の意味に合うように、中国語の単語を並べ替えて正しい文を作りなさい。

① 每天　弟弟　看　吃饭　后　书（弟は毎日食事の後に本を読みます。）

____

② 炒饭　我　和　吃　饺子（私はチャーハンと餃子を食べます。）

____

③ 吃　吗　日本菜　你（あなたは日本料理を食べますか。）

____

〈練習〉の新出単語

1 拉面 lāmiàn [名] ラーメン
2 英语 Yīngyǔ [名] 英語
3 衣服 yīfu [名] 服
4 饭馆儿 fànguǎnr [名] レストラン
5 饺子 jiǎozi [名] 餃子
6 和 hé [接] と

更上一层楼 gèngshàngyìcénglóu

中国語の呼称

日本語では他人に対する呼称として「…さん」が広く使われるが、中国語ではそれに相当する呼称はなく、相手によって様々な呼称が用いられる。

老师 lǎoshī（教師・…先生）
同学 tóngxué（同級生・…君／…さん）
先生 xiānsheng（男性への敬称・…さん）
小姐 xiǎojie（未婚女性への敬称・…さん）
女士 nǚshì（既婚女性への敬称・…さん）
夫人 fūren（既婚女性への敬称・…夫人）
太太 tàitai（既婚女性への敬称・…の奥さん）
同志 tóngzhì（組織内の正式な敬称）
师傅 shīfu（技能労働者への敬称）

你知道吗？ Nǐ zhīdao ma?

俳句は五七五のリズムからなる世界一短い詩型で、haikuとして世界的に広まり各国言語に翻訳され、また実作もされています。実に日本が世界に誇るべき文化の一つです。もちろん中国でも知られ作られてもいますが、五言・七言の伝統的定型詩をもつ中国では、とりわけ俳句に関心が強いようで「汉俳 hànpái」と呼ばれています。ただ、同じ五七五のリズムといっても、1音節＝1字＝1概念（意味）という特徴をもつ中国語と、数音節で一語を作る日本語とでは、1音節あたりの情報量が違います。ですから日本語で17音節の俳句を17音節の中国語（つまり漢字17字）で翻訳すると、元の俳句に無い余計な内容を付け足さねばなりません。もとの俳句を過不足無く表現し、しかも中国語として調子がよい、この条件を充たすのは三四三のリズムのようです。さて、次の句はどんな句の漢俳かわかりますか。

Gǔ chí táng　qīngwa tiào rù　shuǐ shēng xiǎng　Bājiāo
古 池 塘　青蛙 跳 入　水 声 响　芭蕉

中日漢字の違い（中－日）

真－真　习－習　汉－漢　视－視　边－辺　书－書　车－車
骑－騎　面－麺　经－経

第8课 Wǒ xǐhuan xuéxí Hànyǔ 我 喜欢 学习 汉语

（田中さんが教室に向かう途中に、李さんと出会って）

033

Tián zhōng, nǐ qù nǎr?
李英华：田 中，你 去 哪儿？

Wǒ qù shàngkè.
田 中：我 去 上课。

Shénme kè?
李英华：什么 课？

Hànyǔ kè.
田 中：汉语 课。

Hànyǔ kè yǒuyìsi ma?
李英华：汉语 课 有意思 吗？

Hěn yǒuyìsi, wǒ xǐhuan xuéxí Hànyǔ.
田 中：很 有意思，我 喜欢 学习 汉语。

Hànyǔ nán bu nán?
李英华：汉语 难 不 难？

Hànyǔ de Hànzì bú tài nán, fāyīn yǒudiǎnr nán.
田 中：汉语 的 汉字 不 太 难，发音 有点儿 难。

Shuí jiāo nǐmen Hànyǔ?
李英华：谁 教 你们 汉语？

Zhōngguó lǎoshī jiāo wǒmen Hànyǔ.
田 中：中国 老师 教 我们 汉语。

未（中国・2003年年賀切手）

034

〈本文〉の新出単語

1 课 kè 名 ______
2 汉字 Hànzì 名 ______
3 发音 fāyīn 名 ______
4 喜欢 xǐhuan 動 ______
5 教 jiāo 動 ______
6 有意思 yǒuyìsi 形 ______
7 难 nán 形 ______
8 有点儿 yǒudiǎnr 副 ______

文法13 目的語が動詞・句である動詞述語文

中国語では、名詞・代名詞だけでなく、動詞や句なども目的語になることができる。

（1）我喜欢游泳。 Wǒ xǐhuan yóuyǒng.（私は泳ぐのが好きです。）

（2）我不喜欢看电视。 Wǒ bù xǐhuan kàn diànshì.
（私はテレビを見るのが好きではありません。）

（3）我觉得中国菜很好吃。 Wǒ juéde zhōngguócài hěn hǎochī.
（私は、中華料理は美味しいと思います。）

（4）欢迎你来我家里。 Huānyíng nǐ lái wǒ jiāli.（あなたが私の家に来られるのを歓迎します。）

文法14 二重目的語文

二重目的語文とは、一つの述語動詞の対象として、目的語を二つとる文型である。

（限定語）＋主語＋（状態語）＋動詞述語＋目的語1＋目的語2

目的語1は間接目的語で、行為の対象となる人を示し、目的語2は直接目的語で、行為の対象となる物を示す。

（5）老师教我们汉语。 Lǎoshī jiāo wǒmen Hànyǔ.（先生は私たちに中国語を教えます。）

（6）我给他一本汉语书。 Wǒ gěi tā yì běn Hànyǔ shū.（私は彼に中国語の本を一冊あげます。）

（7）姐姐送我一本英语书。 Jiějie sòng wǒ yì běn Yīngyǔ shū.（姉は私に英語の本一冊くれます。）

（8）请告诉我你家的电话号码。 Qǐng gàosu wǒ nǐ jiā de diànhuà hàomǎ.
（私にあなたのご自宅の電話番号を教えてください。）

〈文法〉の新出単語

1 家里 jiāli 名 ______
2 电话号码 diànhuà hàomǎ 名 ______
3 游泳 yóuyǒng 動 ______
4 觉得 juéde 動 ______
5 欢迎 huānyíng 動 ______
6 告诉 gàosu 動 ______
7 给 gěi 動 ______
8 送 sòng 動 ______
9 来 lái 動 ______
10 本 běn 量 ______

練　習　(〈練習〉の新出単語　☞ p60)

1）次のピンインを漢字に改めて、日本語に訳しなさい。

① Tiánzhōng xiànzài qù shàngkè.

________________ 訳：________________

② Hànyǔ de hànzì bú tài nán.

________________ 訳：________________

③ Wǒ xǐhuan Zhōngguó, yě xǐhuan xuéxí Hànyǔ.

________________ 訳：________________

④ Wǒ juéde jīntiān hěn rè.

________________ 訳：________________

⑤ Gēge sòng wǒ yì běn shū.

________________ 訳：________________

2）次の中国語を日本語に訳しなさい。

① 欢迎你来我家里玩儿。 Huānyíng nǐ lái wǒ jiā li wánr.

____

② 她不喜欢吃咖喱饭。 Tā bù xǐhuan chī gālífàn.

____

③ 我觉得汉语的发音很难。 Wǒ juéde Hànyǔ de fāyīn hěn nán.

____

④ 我送妹妹一本汉语词典。 Wǒ sòng mèimei yì běn Hànyǔ cídiǎn.

____

⑤ 请告诉我你的手机号码。 Qǐng gàosu wǒ nǐ de shǒujī hàomǎ.

____

3）次の日本語を中国語に訳しなさい。

① 妹は餃子を食べるのが好きです。

____

② 私は、中国語はあまり難しくないと思います。

____

③ 今晩、私は兄と一緒に映画を見に行きます。

____

④ 先生は私たちに中国の歌を教えます。

____

⑤ 私は友達にウーロン茶を贈ります。

____

4）友達と、次の会話を練習しなさい。

① A：你现在去上课吗?

B：是的，我现在去上课。

② A：你现在去食堂吗?

B：不，我现在去图书馆。

③ A：你喜欢学习汉语吗?

B：我喜欢学习汉语。

④ A：你喜欢看电视吗?

B：我不喜欢看电视。

⑤ A：你觉得日本菜好吃吗?

B：我觉得日本菜很好吃。

⑥ A：日本老师教你们汉语吗?

B：不是，中国老师教我们汉语。

⑦ A：他送你什么?

B：他送我一本汉语词典。

5）日本語の意味に合うように、中国語の単語を並べ替えて正しい文を作りなさい。

① 姐姐　妹妹　一　送　支　钢笔（姉は妹に万年筆を一本あげます。）

____

② 他　学习　学习　英语　汉语　也　喜欢　喜欢

（彼は中国語の勉強も英語の勉強も好きです。）

____

③ 觉得　不　好吃　太　麻婆豆腐　我

（私は、マーボー豆腐はあまり美味しくないと思います。）

____

④ 吗　看　电影　喜欢　中国　你（あなたは中国映画を見るのが好きですか。）

____

〈練習〉の新出単語

1 手机 shǒujī 名 携帯電話
2 图书馆 túshūguǎn 名 図書館
3 词典 cídiǎn 名 辞書
4 电影 diànyǐng 名 映画
5 歌曲 gēqǔ 名 歌
6 乌龙茶 wūlóngchá 名 ウーロン茶
7 玩儿 wánr 動 遊ぶ

上海繁華街「南京路」（著者 撮影）

更上一层楼 gèngshàngyìcénglóu

中国語の親族名称

爷爷 yéye（父方の祖父）
老爷 lǎoye（母方の祖父）
爸爸 bàba（父）
大爷 dàye（父の兄）
叔叔 shūshu（父の弟）
姑姑 gūgu（父の姉妹）
舅舅 jiùjiu（母の兄弟）
姨妈 yímā（母の姉妹）
哥哥 gēge（兄）
姐姐 jiějie（姉）
弟弟 dìdi（弟）
妹妹 mèimei（妹）
儿子 érzi（息子）
女儿 nǚ'ér（娘）
孙子 sūnzi（孫　息子の息子）
孙女 sūnnǚ（孫娘　息子の娘）
外孙 wàisūn（外孫　娘の息子）
外孙女 wàisūnnǚ（外孫　娘の娘）

奶奶 nǎinai（父方の祖母）
姥姥 lǎolao（母方の祖母）
妈妈 māma（母）
大妈 dàmā（伯母　父の兄の妻）
婶子 shěnzi（叔母　父の弟の妻）
姑父 gūfu（おじ　父の姉妹の夫）
舅妈 jiùmā（おば　母の兄弟の妻）
姨父 yífu（おじ　母の姉妹の夫）
嫂子 sǎozi（兄嫁）
姐夫 jiěfu（姉の夫）
弟媳 dìxí（弟の妻）
妹夫 mèifu（妹の夫）
儿媳 érxí（嫁　息子の妻）
女婿 nǚxu（女婿　娘婿）
孙媳 sūnxí（孫の嫁）
孙女婿 sūnnǚxu（孫娘の婿）
外孙媳 wàisūnxí（外孫の妻）
外孙女婿 wàisūnnǚxu（外孫の夫）

你知道吗？ Nǐ zhīdao ma?

漢字・漢語の知識がある日本人は、中国語を学ぶのに非常に有利です。でも油断大敵、それが思わぬ間違いを生むこともあります。例えば、「汤 tāng」はお湯ではなくてスープ、お湯は「开水 kāishuǐ（沸かした水）」、「走 zǒu」は走るではなくて歩くの意味、走るは「跑 pǎo」です。さて次にあげる中国語はどんな意味でしょう。

1）百姓 bǎixìng　　2）爱人 àirén
3）老婆 lǎopo　　4）丈夫 zhàngfu
5）娘 niáng　　6）对象 duìxiàng
7）大家 dàjiā　　8）大丈夫 dàzhàngfu
9）约束 yuēshù　　10）勉强 miǎnqiǎng

中日漢字の違い（中－日）

欢－歓　间－間　钢－鋼　笔－筆　电－電　话－話　码－碼
觉－覚　扫－掃　诉－訴　房－房　难－難　发－発

第9课 Jīntiān jǐ yuè jǐ hào 今天 几 月 几 号

035

Xiǎo lǐ, jīntiān jǐ yuè jǐ hào?
田 中：小 李，今天 几月 几号？

Jiǔ yuè èrshiwǔ hào.
李英华：九 月 二十五 号。

Míngtiān shì nǐ de shēngrì, duì ma?
田 中：明天 是 你 的 生日，对 吗？

Duì, wǒ de shēngrì shì jiǔ yuè èrshiliù hào.
李英华：对，我 的 生日 是 九 月 二十六 号。

Míngtiān xīngqītiān ba?
田 中：明天 星期天 吧？

Míngtiān bú shì xīngqītiān, míngtiān shì xīngqīliù.
李英华：明天 不 是 星期天，明天 是 星期六。

Míngtiān shì bu shì zhōngqiūjié?
田 中：明天 是 不 是 中秋节？

Shì, míngtiān wǎnshang wǒmen yìqǐ shǎng yuè, hǎo ma?
李英华：是，明天 晚上 我们 一起 赏 月，好 吗？

Hǎo de. Jǐ diǎn?
田 中：好 的。几 点？

Wǎnshang bā diǎn ba.
李英华：晚上 八 点 吧。

申（中国・2004年年贺切手）

036

〈本文〉の新出単語

1 生日 shēngrì 名 ______
2 月 yuè 名・量 ______
3 号 hào 量 ______
4 中秋节 zhōngqiūjié 名 ______
5 点 diǎn 量 ______
6 赏 shǎng 動 ______
7 对 duì 形 ______
8 几 jǐ 数 ______

文法15 名詞述語文

名詞述語文とは、主に話し言葉で「是」を省略して主語の次に直接、名詞または数量詞が述語になる文型である。

（限定語）＋主語＋名詞・数量詞

日本語に訳すと、「（主語）は（名詞・数量詞述語）だ」となる。ただし、この文型は、肯定文と疑問文に限られ、表す内容も日時・金額・年齢・天候・本籍などに限定される。否定文のときは「是」は省略できない。

（1）明天中秋节。 Míngtiān zhōngqiūjié.（明日は中秋の名月です。）
（2）今天星期一。 Jīntiān xīngqīyī.（今日は月曜日です。）
（3）现在五点半。 Xiànzài wǔ diǎn bàn.（いま五時半です。）
（4）你大阪人吗? Nǐ Dàbǎnrén ma?（あなたは大阪の出身ですか。）
（5）明天不是中秋节。 Míngtiān bú shì zhōngqiūjié.（明日は中秋の名月ではありません。）
（6）今天不是星期一。 Jīntiān bú shì xīngqīyī.（今日は月曜日ではありません。）

文法16 100以下の数

1）基数

中国語の数字は、日本語と同様に、基数と序数とに分けられる。基数の書き方は、漢数字とアラビア数字のどちらも用いる。

0（零）líng
1（一）yī　2（二）èr　3（三）sān　4（四）sì　5（五）wǔ
6（六）liù　7（七）qī　8（八）bā　9（九）jiǔ　10（十）shí
11（十一）shíyī　12（十二）shí'èr　13（十三）shísān　14（十四）shísì
15（十五）shíwǔ　16（十六）shíliù　17（十七）shíqī　18（十八）shíbā
19（十九）shíjiǔ　20（二十）èrshí　21（二十一）èrshiyī　22（二十二）èrshi'èr
30（三十）sānshí　40（四十）sìshí　50（五十）wǔshí　60（六十）liùshí
70（七十）qīshí　80（八十）bāshí　90（九十）jiǔshí

注意 「21（二十一）・22（二十二）」などの三音節で発音する数字は、真中の「十」の声調を第２声で読まずに軽声で読む。

2）序数

基数の前に「第 dì」をつけると序数になる。

第一 dì-yī	第二 dì-èr	第三 dì-sān	第四 dì-sì	第五 dì-wǔ
第六 dì-liù	第七 dì-qī	第八 dì-bā	第九 dì-jiǔ	第十 dì-shí

3）数字「一」の読み方

電話番号や部屋番号などの数字を言う場合には、「一 yī」は「七 qī」との混同を避けるため、しばしば「yāo」と読む。

一一〇（警察） yāo yāo líng

三一七房间 sān yāo qī fángjiān

09-1234-5678 líng jiǔ - yāo èr sān sì - wǔ liù qī bā

文法17 年月日と曜日の表現

中国語の年月日の言い方は日本語と違い、「年」は西暦の数字を一つずつ読む。また、「日」は書き言葉では「日 rì」だが、話し言葉では「号 hào」を用いる。

一九七六年 yī jiǔ qī liù nián

２０１４年 èr líng yī sì nián

一月 yī yuè	二月 èr yuè	三月 sān yuè	四月 sì yuè
五月 wǔ yuè	六月 liù yuè	七月 qī yuè	八月 bā yuè
九月 jiǔ yuè	十月 shí yuè	十一月 shíyī yuè	十二月 shí'èr yuè

書き言葉：十一日 shíyī rì 十二日 shí'èr rì 十三日 shísān rì

話し言葉：十一号 shíyī hào 十二号 shí'èr hào 十三号 shísān hào

曜日の言い方も日本語と異なり、「星期 xīngqī」「礼拜 lǐbài」と言う。

星期一 xīngqīyī 星期二 xīngqīèr 星期三 xingqīsān

星期四 xīngqīsì 星期五 xīngqīwǔ 星期六 xīngqīliù

星期日 xingqīrì ／星期天 xīngqītiān

礼拜一 lǐbàiyī 礼拜二 lǐbàièr 礼拜三 lǐbàisān

礼拜四 lǐbàisì 礼拜五 lǐbàiwǔ 礼拜六 lǐbàiliù

礼拜日 lǐbàirì ／礼拜天 lǐbàitiān

文法18　時刻の表現

中国語の時刻の言い方は、日本語と同じく、時・分・秒の順である。何時の「時」は書き言葉では「时 shí」であるが、話し言葉では「点 diǎn」と言う。(☞ p136 時量の表現)

1：00　一点 yì diǎn　／一点整 yì diǎn zhěng

1：04　一点零四分 yì diǎn líng sì fēn　／一点过四分 yì diǎn guò sì fēn

1：15　一点十五分 yì diǎn shíwǔ fēn　／一点一刻 yì diǎn yí kè

1：30　一点三十分 yì diǎn sānshí fēn　／一点半 yì diǎn bàn

1：45　一点四十五分 yì diǎn sìshiwǔ fēn　／一点三刻 yì diǎn sān kè

1：57　一点五十七分 yì diǎn wǔshiqī fēn　／差三分两点 chà sān fēn liǎng diǎn

2：00　两点 liǎng diǎn (☞ p76)　／两点整 liǎng diǎn zhěng

〈文法〉の新出単語

1	星期 xīngqī 名 ＿＿＿＿	5	差 chà 動 ＿＿＿＿
2	礼拜 lǐbài 名 ＿＿＿＿	6	过 guò 動 ＿＿＿＿
3	时 shí 量 ＿＿＿＿	7	整 zhěng 形 ＿＿＿＿
4	分 fēn 量 ＿＿＿＿	8	刻 kè 量 ＿＿＿＿

練　習

(〈練習〉の新出単語 ☞ p67)

1）次の数字を中国語で言いなさい。

① 89 ＿＿＿＿　② 25 ＿＿＿＿

③ 34 ＿＿＿＿　④ 17 ＿＿＿＿

⑤ 62 ＿＿＿＿　⑥ 44 ＿＿＿＿

2）次の日付や電話番号を中国語で言いなさい。

① 1949年10月1日 ＿＿＿＿

② 1976年1月8日 ＿＿＿＿

③ 2009年8月31日 ＿＿＿＿

④ 104 ＿＿＿＿

⑤ 0571－8765－4321 ＿＿＿＿

⑥ 1217房间 ＿＿＿＿

3）次の中国語を日本語に訳しなさい。

① 今天几月几号？ Jīntiān jǐ yuè jǐ hào?

② 我的生日是十一月三号。 Wǒ de shēngrì shì shíyī yuè sān hào.

③ 你知道他的电话号码吗？ Nǐ zhīdao tā de diànhuà hàomǎ ma?

④ 他的电话号码是 010-3467-9810。 Tā de diànhuà hàomǎ shì 010-3467-9810.

⑤ 今天星期三，明天星期四。 Jīntiān xīngqīsān, míngtiān xīngqīsì.

⑥ 现在几点？　十二点二十分。 Xiànzài jǐ diǎn?　Shí'èr diǎn èrshí fēn.

4）次の日本語を中国語に訳しなさい。

① 妹さんのお誕生日は何月何日ですか。　三月三日です。

② 今日は何曜日ですか。　金曜日です。

③ 今何時ですか。　午後三時半です。

④ 彼女の携帯電話番号は021－3214－1718です。

⑤ 次の授業の教室は3412号室です。

⑥ 明日私の家に来て、餃子を作りましょう。

5）友達と、次の会話を練習しなさい。

① A：明天是几月几号，星期几?

B：明天是七月十五号，星期四。

② A：你的生日是几月几号?

B：我的生日是九月二十一号。

③ A：现在几点?

B：现在八点整。

④ A：你的电话号码是多少?

B：我的电话号码是 022-4321-9876。

⑤ A：你的手机号码是多少?

B：我的手机号码是090-＊＊＊＊-＊＊＊＊。

〈練習〉の新出単語

1 教室 jiàoshì 名 教室

2 下午 xiàwǔ 名 午後

3 知道 zhīdao 動 知る

4 下节课 xià jié kè 句 次の授業

更上一层楼 gèngshàngyìcénglóu

時間名詞

大前年 dàqiánnián
前年 qiánnián
去年 qùnián
今年 jīnnián
明年 míngnián
后年 hòunián
大后年 dàhòunián

大前天 dàqiántiān
前天 qiántiān
昨天 zuótiān
今天 jīntiān
明天 míngtiān
后天 hòutiān
大后天 dàhòutiān

白天 báitiān
夜里 yèli

早上 zǎoshang
上午 shàngwǔ
中午 zhōngwǔ
下午 xiàwǔ
傍晚 bàngwǎn
晚上 wǎnshang

中日漢字の違い（中－日）

几－幾　后－後　饺－餃　节－節　拜－拝　包－包　赏－賞
机－機

第10课 日本有多少人口

Rìběn yǒu duōshao rénkǒu

037

Tiánzhōng, Rìběn yǒu duōshao rénkǒu?
李英华：田中，日本 有 多少 人口？

Xiànzài yǒu yíyì sānqiān wàn.
田　中：现在 有 一亿 三千 万。

Rìběn rénkǒu zuì duō de shì nǎ ge chéngshì?
李英华：日本 人口 最 多 的 是 哪个 城市？

Shì Dōngjīng, xiànzài yǒu yìqiān liǎngbǎi duō wàn rén.
田　中：是 东京，现在 有 一千 两百 多 万 人。

Rìběn de guótǔ miànjī yǒu duō dà?
李英华：日本 的 国土 面积 有 多大？

Sānshiqīwàn qīqiān píngfāng gōnglǐ. Zhōngguó ne?
田　中：三十七万 七千 平方 公里。中国 呢？

Zhōngguó shì jiǔbǎi liùshíwàn píngfāng gōnglǐ, rénkǒu shísānyì qīqiān wàn zuǒyòu.
李英华：中国 是 九百 六十万 平方 公里，人口 十三亿 七千 万 左右。

Zhōngguó rénkǒu zhēn duō wa!
田　中：中国 人口 真 多 哇！

Shì de, Zhōngguǒ rénkǒu shì Rìběn de shíbèi.
李英华：是 的，中国 人口 是 日本 的 十倍。

酉（中国・2005年年賀切手）

038

〈本文〉の新出単語

1 人口 rénkǒu 名 ______________________
2 城市 chéngshì 名 ______________________
3 国土面积 guótǔ miànjī 名 ______________________
4 左右 zuǒyòu 名 ______________________
5 有 yǒu 動 ______________________
6 多少 duōshao 数 ______________________
7 平方公里 píngfāng gōnglǐ 量 ______________________
8 多大 duō dà 句 ______________________

文法19 100以上の数

3桁以上の数字の数え方は、中国語も日本語と同じで、「(个 gè) → 十 shí →百 bǎi → 千 qiān」の4桁が一つの枠となって循環する。

非循環桁	兆 zhào	亿 yì	万 wàn	(个) gè
循環桁	千 百 十 (个)	千 百 十 (个)	千 百 十 (个)	千 百 十 (个)

ただ、次の点に注意する必要がある。

1) 100と1000は、「百」「千」だけではなく、必ず「一」を付けて「一百 yìbǎi」「一千 yì qiān」と言う。

2) 数字の間に欠位「0」がある場合、欠位を「零」と言う。ただし、「0」がいくつ続いても「零」は一つしか言わない。

(1) 101 一百零一 yībǎi líng yī
3006 三千零六 sānqiān líng liù
10004 一万零四 yīwàn líng sì
80409003 八千零四十万九千零三 bāqiān líng sìshí wàn jiǔqiān líng sān

3) 数字の末尾が「0」になる場合、その位を省略できる。

(2) 760 七百六（十） qībǎi liù (shí)
5900 五千九（百） wǔqiān jiǔ (bǎi)
13000 一万三（千） yíwàn sān (qiān)

文法20 小数・分数・百分率

1）小数 中国語では、小数点は儿化して「点儿 diǎnr」と読む。小数点より前の数字の読み方は一般の数字と同じだが、後の数字は一つずつ読む。

（3）1.62　一点儿六二 yì diǎnr liù èr

926.09　九百二十六点儿零九 jiǔbǎi èrshiliù diǎnr líng jiǔ

3.1415926　三点儿一四一五九二六 sān diǎnr yī sì yī wǔ jiǔ èr liù

2）分数 中国語の分数は、日本語と同様に、「×分之× …fēnzhī…」と言う。

（4）1/3　三分之一 sān fēnzhī yī

6/14　十四分之六 shísì fēnzhī liù

3）百分率 中国語の百分率は「百分之× bǎifēnzhī…」と言い、日本語と異なる。

（5）65%　百分之六十五 bǎifēnzhī liùshiwǔ

27%　百分之二十七 bǎifēnzhī èrshiqī

100%　百分之一百 bǎifēnzhī yìbǎi ／百分之百 bǎifēnzhī bǎi

文法21 所有・所属を表す動詞「有」

動詞「有 yǒu」は、所有・所属の意味を表すとき、日本語の「…を持つ」あるいは「…がある、いる」の意味になる。

（6）哥哥有一辆汽车。 Gēge yǒu yí liàng qìchē.（兄は車を一台持っています。）

（7）你有手机吗？ Nǐ yǒu shǒujī ma?（あなたは携帯電話を持っていますか。）

（8）我家里有五口人。 Wǒ jiāli yǒu wǔ kǒu rén.（私の家は五人家族です。）

（9）他有很多朋友。 Tā yǒu hěn duō péngyou.（彼は友達がたくさんいます。）

（10）她有两个姐姐，一个妹妹。 Tā yǒu liǎng ge jiějie, yí ge mèimei.

（彼女にはお姉さんが二人、妹が一人います。）

（11）我明天没有课。 Wǒ míngtiān méiyǒu kè.（私は明日授業がありません。）

（12）我没有姐姐，也没有妹妹。 Wǒ méiyǒu jiějie, yě méiyǒu mèimei.（私には姉も妹もいません。）

〈文法〉の新出単語

1 姐姐 jiějie 名 ______

2 零 líng 数 ______

3 十 shí 数 ______

4 百 bǎi 数 ______

5 千 qiān 数 ______

6 万 wàn 数 ______

7 亿 yì 数 ______

8 兆 zhào 数 ______

9 个 gè 量 ______

10 辆 liàng 量 ______

11 …口人 …kǒu rén 量 ______

12 ×分之× …fēnzhī… 句 ______

13 百分之× bǎifēnzhī… 句 ______

練 習 （〈練習〉の新出単語 ☞ p73）

1）次の数字を中国語で言いなさい。

① 31456 ＿＿＿＿＿＿＿＿＿＿ ② 769834 ＿＿＿＿＿＿＿＿＿＿

③ 946.45 ＿＿＿＿＿＿＿＿＿＿ ④ 34.8761 ＿＿＿＿＿＿＿＿＿＿

⑤ 0.85 ＿＿＿＿＿＿＿＿＿＿ ⑥ 2.0124 ＿＿＿＿＿＿＿＿＿＿

⑦ 4200 ＿＿＿＿＿＿＿＿＿＿ ⑧ 602020 ＿＿＿＿＿＿＿＿＿＿

2）次の中国語を日本語に訳しなさい。

① 他有一辆新汽车。 Tā yǒu yí liàng xīn qìchē.

＿＿＿＿＿＿＿＿＿＿＿＿＿＿＿＿＿＿＿＿

② 我有一个哥哥，一个姐姐。 Wǒ yǒu yí ge gēge, yí ge jiějie.

＿＿＿＿＿＿＿＿＿＿＿＿＿＿＿＿＿＿＿＿

③ 日本有一亿两千二百万人。 Rìběn yǒu yíyì liǎngqiān èrbǎi wàn rén.

＿＿＿＿＿＿＿＿＿＿＿＿＿＿＿＿＿＿＿＿

④ 中国的国土面积是九百六十万平方公里。

Zhōngguó de guótǔ miànjī shì jiǔbǎi liùshí wàn píngfāng gōnglǐ.

＿＿＿＿＿＿＿＿＿＿＿＿＿＿＿＿＿＿＿＿

⑤ 圆周率是三点儿一四一五九二六。 Yuánzhōulǜ shì sān diǎnr yī sì yī wǔ jiǔ èr liù.

＿＿＿＿＿＿＿＿＿＿＿＿＿＿＿＿＿＿＿＿

⑥ 中国的国土面积是日本的二十五点儿四倍。

Zhōngguó de guótǔ miànjī shì Rìběn de èrshiwǔ diǎnr sì bèi.

＿＿＿＿＿＿＿＿＿＿＿＿＿＿＿＿＿＿＿＿

⑦ 汉族人口占中国人口的百分之九十二。

Hànzú rénkǒu zhàn Zhōngguó rénkǒu de bǎifēnzhī jiǔshi'èr.

＿＿＿＿＿＿＿＿＿＿＿＿＿＿＿＿＿＿＿＿

3）次の日本語を中国語に訳しなさい。

① 私はノートパソコンを持っていません。

② 中国の人口は十三億ぐらいです。

③ 日本の国土面積は三十七点七万平方キロメートルです。

④ 日本の人口は中国の十一分の一です。

⑤ 彼の給料は私の二倍です。

⑥ 今、世界の人口は六十五億です。

4）友達と、次の会話を練習しなさい。

① A：你有笔记本电脑吗?
B：有。你有吗?
A：我也有。

② A：你有哥哥吗?
B：我没有哥哥。

③ A：日本全国有多少人口?
B：现在有一亿两千二百万人。

④ A：日本的国土面积有多大?
B：三十七万七千平方公里。

⑤ A：圆周率是多少?
B：三点儿一四一五九二六。

⑥ A：你的作业都做了吗?
B：还没有，我只做了三分之一。

⑦ A：这个书包贵不贵?
B：很贵，价钱是那个书包的三倍。

5）日本語の意味に合うように、中国語の単語を並べ替えて正しい文を作りなさい。

① 很　印度　十一　人口　超过　亿　多

（インドの人口は多く、11億を超えています。）

② 国土面积　国家　大　俄罗斯　是　最　的

（ロシアは国土面積のもっとも大きい国です。）

③ 一千七百一十万　国土面积　俄罗斯　的　是　平方公里

（ロシアの国土面積は1710平方キロメートルです。）

④ 的　国土面积　俄罗斯　中国　的　是　一点儿七八　倍

（ロシアの国土面積は中国の1.78倍です。）

〈練習〉の新出単語

1 笔记本电脑 bǐjìběn diànnǎo 名 ノートパソコン
2 价钱 jiàqián 名 値段
3 工资 gōngzī 名 給与
4 世界 shìjiè 名 世界
5 圆周率 yuánzhōulǜ 名 円周率
6 汉族 Hànzú 名 漢民族
7 印度 Yìndù 国名 インド
8 俄罗斯 Éluósī 国名 ロシア
9 国家 guójiā 名 国家、くに
10 占 zhàn 動 占める
11 超过 chāoguò 動 超える
12 最 zuì 副 最も
13 只 zhǐ 副 ただ；…しか…ない

你知道吗？ Nǐ zhīdao ma?

中国語の外来語には音訳もありますが、音と同時に意味も表すように工夫された訳語もたくさんあります。次の言葉は何を指すか、音と意味から考えてください。

1）雷达 léidá　2）润丝 rùnsī
3）香波 xiāngbō　4）粉底霜 fěndǐshuāng
5）马达 mǎdá　6）博客 bókè
7）维他命 wéitāmìng　8）拖拉机 tuōlājī
9）保龄球 bǎolíngqiú　10）迷你裙 mínǐqún
11）佳能 Jiānéng　12）可口可乐 kěkǒukělè

中日漢字の違い（中－日）

亿－億　积－積　将－将　辆－輌　邮－郵　过－過

第11课 Zhèige duōshao qián 这个 多少 钱

039

Duìbuqǐ, qǐng gěi wǒ nèi zhāng hèkǎ.
李英华：对不起，请 给 我 那 张 贺卡。

Shì zhèi zhāng ma?
店　员：是 这 张 吗？

Shì de. Duōshao qián?
李英华：是 的。多少 钱？

Bābǎi wǔshí Rìyuán.
店　员：八百 五十 日元。

Wǒ yào yì zhāng.
李英华：我 要 一 张。

（放課後、田中さんにカードを見せて）

Zhè shì sòng wǒ mèimei de shēngrì hèkǎ.
李英华：这 是 送 我 妹妹 的 生日 贺卡。

Zhēn hǎokàn. Nǐ mèimei jīnnián duō dà?
田　中：真 好看。你 妹妹 今年 多 大？

Tā jīnnián shíqī suì.
李英华：她 今年 十七 岁。

Nǐ jiā yǒu jǐ kǒu rén?
田　中：你 家 有 几 口 人？

Wǔ kǒu, bàba、māma、gēge、mèimei hé wǒ.
李英华：五 口，爸爸、妈妈、哥哥、妹妹 和 我。

戌（中国・2006年年賀切手）

040

〈本文〉の新出単語

1	贺卡 hèkǎ 名 ________	5	岁 suì 量 ________
2	日元 rìyuán 名 ________	6	张 zhāng 量 ________
3	要 yào 動 ________	7	多大 duō dà 句 ________
4	好看 hǎokàn 形 ________	8	多少钱 duōshao qián 句 ________

文法22 金額の表現

中国の通貨の基本単位は「元 yuán」（紙幣には「圆 yuán」を用いている）であるが、書き言葉と話し言葉とでは言い方に違いがある。（☞ p12－13 中国の紙幣）

書き言葉　元 yuán　角 jiǎo　分 fēn

話し言葉　块 kuài　毛 máo　分 fēn

話し言葉では、最後の単位が「毛、分」である場合、その単位を省略できる。

（1）561.40元　五百六十一块四（毛）wǔbǎi liùshiyí kuài sì (máo)

104.35元　一百零四块三毛五（分）yìbǎi líng sì kuài sān máo wǔ (fēn)

52.07元　五十二块零七（分）wǔshi'èr kuài líng qī (fēn)

0.89元　八毛九（分）bā máo jiǔ (fēn)

ちなみに、日本円の「円」は「日元 rìyuán」と言う。

120,000円　十二万日元 shí'èrwàn rìyuán

15,698円　一万五千六百九十八日元 yíwàn wǔqiān liùbǎi jiǔshibā rìyuán

165円　一百六十五日元 yìbǎi liùshiwǔ rìyuán

文法23 年齢の表現

相手に年齢を聞く場合、一般的には、相手が年長か年少かなどを考える必要がある。

1）相手が年長者の場合

（2）请问您今年多大年纪了？ Qǐngwèn nín jīnnián duō dà niánjì le.

（お伺いしますが、今年お幾つになられましたか。）

2）相手が同年輩・年少者の場合

（3）你今年多大了？ Nǐ jīnnián duō dà le.（今年何歳ですか。）

3）相手が子供の場合

（4）你今年几岁了？ Nǐ jīnnián jǐ suì le.（いま幾つ。）

文法24 「二」と「两」

物や時間、金額などを表わす場合、数字の「2」はふつう「两 liǎng」と言う。

1）数字の「百、千、万」の位の「2」は、「两」と言う。ただし、200、2000は「二百 èrbǎi、二千 èrqiān」とも言う。

2）**物を数える場合**、「两」と言う。

（5）一个 yí ge　　两个 liǎng ge　　三个 sān ge　　四个 sì ge　　五个 wǔ ge

六个 liù ge　　七个 qī ge　　八个 bā ge　　九个 jiǔ ge　　十个 shí ge

3）**時間や金額では**、「2点、2个小时」（時刻·時間）と「2块、2毛」（金額）の「2」は「两」と言う。

（6）两点（2：00）liǎng diǎn　（＊二点）

两个小时 liǎng ge xiǎoshí　（＊二个小时）（☞ p136 時量の表現）

两毛（0.20元）liǎng máo　（＊二毛）

两块（2.00元）liǎng kuài　（＊二块）

文法25 名量詞

量詞は、一般的には数字や指示代名詞の後ろに置いて使う品詞で、**名量詞**（量）と**動量詞**（☞ p136）の区別がある。名量詞は名詞の前に置き、動量詞は動詞の後ろに置く。

名量詞	使い方	例
个 ge	ほとんどのものに広く用いられる	人 rén（人）　苹果 píngguǒ（りんご） 想法 xiǎngfǎ（考え方）
块 kuài	ブロック状の塊	石头 shítou（石）　香皂 xiāngzào（石鹸）　肉 ròu（肉）
张 zhāng	平面状のもの	纸 zhǐ（かみ）　地图 dìtú（地図）　邮票 yóupiào（切手） 床 chuáng（ベット）　桌子 zhuōzi（机；テーブル）
本 běn	本や雑誌など	书 shū（本）　杂志 zázhì（雑誌）　词典 cídiǎn（辞典）
把 bǎ	柄のあるもの	椅子 yǐzi（椅子）　剪刀 jiǎndāo（はさみ） 雨伞 yǔsǎn（かさ）
条 tiáo	細長いもの	马路 mǎlù（道路）　河 hé（川）　绳子 shéngzi（なわ）
支 zhī	スティック状のもの	铅笔 qiānbǐ（鉛筆）　烟 yān（たばこ）
件 jiàn	服や事柄	衣服 yīfu（衣服）　事情 shìqing（事柄）
辆 liàng	車などの乗り物	自行车 zìxíngchē（自転車）　汽车 qìchē（自動車）
只 zhī	小さな動物	鸡 jī（鶏）　猫 māo（猫）　鸟儿 niǎor（鳥）
头 tóu	大きな動物	牛 niú（牛）　猪 zhū（豚）
匹 pǐ	馬	马 mǎ（馬）
座 zuò	山や建物など	山 shān（山）　楼 lóu（建物）　城市 chéngshì（都市）
台 tái	機械	电脑 diànnǎo（コンピューター）　电视机 diànshìjī（テレビ）

双 shuāng	対になるもの	手 shǒu（手）　眼睛 yǎnjing（目）　袜子 wàzi（靴下）
只 zhī	対になるものの片方	手 shǒu（手）　眼睛 yǎnjing（目）　袜子 wàzi（靴下）
副 fù	対、一揃いのもの	手套 shǒutào（手袋）　眼镜儿 yǎnjìngr（眼鏡）
套 tào	セットになるもの	西服 xīfú（スーツ）　餐具 cānjù（食器）

杯 bēi	杯で数えるもの	啤酒 píjiǔ（ビール）　茶 chá（お茶） 咖啡 kāfēi（コーヒー）
碗 wǎn	碗で数えるもの	饭 fàn（飯）　汤 tāng（スープ）　菜 cài（おかず）
瓶 píng	瓶で数えるもの	酒 jiǔ（酒）　药 yào（薬） 可口可乐 kěkǒukělè（コカコーラ）

練　習

（〈練習〉の新出単語　☞ p79）

1）次の金額を中国語で言いなさい。

① 356.32元 ______________________

② 897.30元 ______________________

③ 15.02元 ______________________

④ 0.17元 ______________________

⑤ 1,670,000日元 ______________________

⑥ 783日元 ______________________

2）次の括弧の中に適当な量詞を入れなさい。

① 两（　　）苹果　② 一（　　）肉　③ 三（　　）地图

④ 六（　　）杂志　⑤ 四（　　）剪刀　⑥ 九（　　）铅笔

⑦ 五（　　）鸡　⑧ 三（　　）啤酒　⑨ 一（　　）咖啡

⑩ 一（　　）手套　⑪ 三（　　）米饭　⑫ 两（　　）电脑

3）次のピンインを漢字に改めて、日本語に訳しなさい。

① Wǒ jiā yǒu sì kǒu rén, yéye、bàba、māma hé wǒ.

____________________ 訳：____________________

② Zhè zhāng hèkǎ bābǎi wǔshí rìyuán.

____________________ 訳：____________________

③ Wǒ mèimei jīnnián èrshiyī suì.

____________________ 訳：____________________

④ Zhèige píngguǒ duōshao qián? Yìbǎi wǔshiwǔ rìyuán.

____________________ 訳：____________________

4）次の中国語を日本語に訳しなさい。

① 你们班有多少人？ 三十五人。 Nǐmen bān yǒu duōshao rén? Sānshiwǔ rén.

____

② 你今年几岁？ 我八岁。 Nǐ jīnnián jǐ suì? Wǒ bā suì.

____

③ 这是送我弟弟的词典。 Zhè shì sòng wǒ dìdi de cídiǎn.

____

④ 这个多少钱？ 一百八十日元。 Zhèige duōshao qián ? Yìbǎi bāshí rìyuán.

____

5）次の日本語を中国語に訳しなさい。

① おたずねしますが、今年で何歳になられましたか。

____

② このパンはいくらですか。 5元3角7分です。

____

③ あなたたちの学校には何人の学生がいますか。 5500人です。

____

④ このかばんはきれいですか。 きれいです。

____

6）友達と、次の会話を練習しなさい。

① A：这本书多少钱?

B：＿＿＿＿＿＿＿＿＿＿＿＿。

② A：你家里有几口人?

B：＿＿＿＿＿＿＿＿＿＿＿＿。

③ A：你父母今年多大年纪?

B：＿＿＿＿＿＿＿＿＿＿＿＿。

④ A：你今年多大?

B：＿＿＿＿＿＿＿＿＿＿＿＿。

7）日本語の意味に合うように、中国語の単語を並べ替えて正しい文を作りなさい。

① 七十三　我　奶奶　今年　爷爷　七十五　岁　岁

（私の祖父は今年75歳で、祖母は73歳です。）

＿＿＿＿＿＿＿＿＿＿＿＿＿＿＿＿＿＿＿＿＿＿＿＿

② 八十二　这个　钱　多少　块（これはいくらですか。　82元です。）

＿＿＿＿＿＿＿＿＿＿＿＿＿＿＿＿＿＿＿＿＿＿＿＿

③ 小李　这　中国食品　送　的　很　是　我　好吃

（これは李さんがくれた中国の食べ物で、とても美味しいです。）

＿＿＿＿＿＿＿＿＿＿＿＿＿＿＿＿＿＿＿＿＿＿＿＿

〈練習〉の新出単語

1 班 bān 名 クラス
2 年纪 niánjì 名 年齢
3 爷爷 yéye 名 おじいさん
4 奶奶 nǎinai 名 おばあさん
5 学生 xuésheng 名 学生
6 食品 shípǐn 名 食べ物
7 面包 miànbāo 名 パン
8 多少人 duōshao rén 句 何人

中日漢字の違い（中－日）

给－給　张－張　贺－賀　钱－銭　岁－歳　纪－紀　角－角
两－両　块－塊　（一）只（鸡）－隻

第12课 我家在大阪

Wǒ jiā zài Dàbǎn

041

Tiánzhōng, nǐ shì nǎr rén?
李英华：田中，你 是 哪儿 人？

Wǒ shì Dàbǎn rén.
田　中：我 是 大阪 人。

Nǐ jiā zài nǎr?
李英华：你 家 在 哪儿？

Wǒ jiā zài Dàbǎn shìnèi, lí Dàbǎnchéng hěn jìn.
田　中：我 家 在 大阪 市内，离 大阪城 很 近。

Dàbǎnchéng hěn yǒu rénqì shì ba?
李英华：大阪城 很 有 人气，是 吧？

Shì de, wǒ jīngcháng qù wánr. Nǐ shì Běijīngrén ma?
田　中：是 的，我 经常 去 玩儿。你 是 北京人 吗？

Shì, Běijīng yǒu Tiān'ānmén Guǎngchǎng, Gùgōng, Wànlǐ Chángchéng,
李英华：是，北京 有 天安门 广场、故宫、万里 长城，

hǎowánr de dìfang yě hěn duō.
好玩儿 的 地方 也 很 多。

Nǐ jiā lí Tiān'ānmén yuǎn ma?
田　中：你 家 离 天安门 远 吗？

Bù yuǎn, zǒulù èrshí fēnzhōng jiù dào le.
李英华：不 远，走路 二十 分钟 就 到 了。

亥（中国・2007年年賀切手）

042

〈本文〉の新出単語

1 市内 shìnèi 名 ＿＿＿＿＿＿
2 大阪城 Dàbǎnchéng 名 ＿＿＿＿＿＿
3 人气 rénqì 名 ＿＿＿＿＿＿
4 地方 dìfang 名 ＿＿＿＿＿＿
5 天安门 Tiān'ānmén 名 ＿＿＿＿＿＿
6 广场 guǎngchǎng 名 ＿＿＿＿＿＿
7 故宫 Gùgōng 名 ＿＿＿＿＿＿
8 万里长城 Wànlǐ Chángchéng 名 ＿＿＿＿＿＿
9 在 zài 動 ＿＿＿＿＿＿
10 到 dào 動 ＿＿＿＿＿＿
11 好玩儿 hǎowánr 形 ＿＿＿＿＿＿
12 就 jiù 副 ＿＿＿＿＿＿
13 分钟 fēnzhōng 量 ＿＿＿＿＿＿
14 离 lí 介 ＿＿＿＿＿＿
15 走路 zǒulù 句 ＿＿＿＿＿＿

文法26 存在や動作の場所を表す「在」と「有」

単語「在 zài」は動詞として、人や物事などがどの場所に存在するかを示す。

主語（人・物事）＋在＋目的語（場所を示す名詞）

日本語に訳すと、「(主語〈人・物事〉) は (目的語〈場所〉) に いる・ある」となる。

（1）爸爸在家里。 Bàba zài jiā li.（父は家にいます。）

（2）书在桌子上。 Shū zài zhuōzi shang.（本は机の上にあります。）

（3）图书馆在哪儿? Túshūguǎn zài nǎr?（図書館はどこにありますか？）

また、「在」は前置詞として、述語動詞の前に置いて、動作が発生する場所を示す。

主語（人）＋在＋場所を示す名詞＋述語＋目的語

日本語に訳すと、「(主語) は (場所) に・で (目的語) を する」となる。

（4）爸爸在家里看电视。 Bàba zài jiā li kàn diànshì.（父は家でテレビを見ます。）

（5）他在图书馆做作业。 Tā zài túshūguǎn zuò zuòyè.（彼は図書館で宿題をします。）

否定文にするには、上の二つの文型とも、「在」の前に否定副詞「不」「没・没有」などを置く。

（6）书不在桌子上。 Shū bú zài zhuōzi shang.（本は机の上にありません。）

（7）他不在图书馆做作业。 Tā bú zài túshūguǎn zuò zuòyè.（彼は図書館で宿題をしません。）

単語「有 yǒu」は、動詞として場所に人や物事などが存在することを表わす。

主語（場所を示す名詞）＋有＋目的語（人・物事）

日本語に訳すと、「(主語〈場所〉) には (目的語〈人・物事〉) が いる・ある」となる。

（8）院子里有一只鸡。 Yuànzi li yǒu yì zhī jī.（庭には鶏が一羽います。）

（9）前面有一家饭馆儿。 Qiánmian yǒu yì jiā fànguǎnr.（前にレストランが一軒あります。）

（10）我们学校有两个食堂。 Wǒmen xuéxiào yǒu liǎng ge shítáng.
（私たちの学校には食堂が二つあります。）

文法27 方位名詞

方位名詞は、名詞の一種で、場所を表す名詞の後ろに置き、その方位を示す。方位名詞には、「上 shàng、下 xià、前 qián、后 hòu、左 zuǒ、右 yòu、里 lǐ、外 wài、内 nèi、中 zhōng、旁 páng、东 dōng、南 nán、西 xī、北 běi」があり、「**単純方位詞**」とも言う。

また、単純方位詞の後ろに、「边(儿) bian(r)、面(儿) mian(r)、头(儿) tou(r)」などの接尾語をつけると、「**合成方位詞**」になる。

	～边・～边儿	～面・～面儿	～头・～头儿
上 shàng	上边（儿）	上面（儿）	上头（儿）
下 xià	下边（儿）	下面（儿）	下头（儿）
前 qián	前边（儿）	前面（儿）	前头（儿）
后 hòu	后边（儿）	后面（儿）	后头（儿）
左 zuǒ	左边（儿）	左面（儿）	左头（儿）
右 yòu	右边（儿）	右面（儿）	右头（儿）
里 lǐ	里边（儿）	里面（儿）	里头（儿）
外 wài	外边（儿）	外面（儿）	外头（儿）
内 nèi			
中 zhōng			
间 jiān			
旁 páng	旁边（儿）pángbiān（r）		
		对面（儿）duìmiàn（r）	
东 dōng	东边（儿）	东面（儿）	东头（儿）
南 nán	南边（儿）	南面（儿）	南头（儿）
西 xī	西边（儿）	西面（儿）	西头（儿）
北 běi	北边（儿）	北面（儿）	北头（儿）

単純方位詞は単独では用いられないが、合成方位詞にはこのような制限はない。

〈文法〉の新出単語

1 桌子 zhuōzi 名 ________________
2 作业 zuòyè 名 ________________
3 鸡 jī 名 ________________
4 院子 yuànzi 名 ________________
5 家 jiā 量 ________________

練　習　（〈練習〉の新出単語　☞ p85）

1）次のピンインを漢字に改めて、日本語に訳しなさい。

① Wǒ shì Dàbǎn rén, jiā zài Dàbǎn shìnèi.

____________________ 訳：____________________

② Wǒ míngtiān bú zài jiā.

____________________ 訳：____________________

③ Dìdi zài jiā kàn diànshì.

____________________ 訳：____________________

④ Wǒ jiā lí Tiān'ānmén bù yuǎn.

____________________ 訳：____________________

⑤ Wǒmen xuéxiào yǒu sān ge shítáng.

____________________ 訳：____________________

2）次の中国語を日本語に訳しなさい。

① 教室里有四十五个人。 Jiàoshì li yǒu sìshiwǔ ge rén.

____

② 老师在图书馆看书。 Lǎoshī zài túshūguǎn kàn shū.

____

③ 你家在哪儿？　我家在京都。 Nǐ jiā zài nǎr? Wǒ jiā zài Jīngdū.

____

④ 田中是大阪人，小李是北京人。 Tiánzhōng shì Dàbǎnrén, Xiǎo Lǐ shì Běijīngrén.

____

⑤ 我家前面有一条河。 Wǒ jiā qiánmian yǒu yì tiáo hé.

____

3）次の日本語を中国語に訳しなさい。

① 私の家は＊＊市学園前１丁目２番３号にあります。

____

② 机の上にパソコンが一台あります。

____

③ 庭には二羽鶏がいます。

____

④ 図書館の前に二人の学生がいます。

____

⑤ バス停は学校の正門の左側にあります。

____

4）友達と、次の会話を練習しなさい。

① A：李英华是哪儿人?

B：______________________。

② A：你是哪儿人?

B：______________________。

③ A：田中洋一的家在哪儿?

B：______________________。

④ A：你在哪儿打工?

B：______________________。

⑤ A：你家离学校远吗?

B：______________________。

⑥ A：学校离车站远吗?

B：______________________。

5）日本語の意味に合うように、中国語の単語を並べ替えて正しい文を作りなさい。

① 在　田中　哪儿　现在　在　教室里

（田中さんは今どこにいますか。　教室にいます。）

② 机场　有　个　两　大阪（大阪には空港が二つあります。）

③ 南部　在　大阪　机场　关西（関西空港は大阪の南部にあります。）

④ 没有　前面　吗　邮局　有（この前に郵便局がありますか。　ありません。）

⑤ 前面　银行　一　邮局　有　家（郵便局の前に銀行が一軒あります。）

〈練習〉の新出単語

1 电脑 diànnǎo 名 パソコン
2 车站 chēzhàn 名（電車やバスなどの）停留所、駅
3 公共汽车站 gōnggòngqìchē zhàn 名 バス停
4 机场 jīchǎng 名 空港
5 邮局 yóujú 名 郵便局
6 银行 yínháng 名 銀行
7 河 hé 名 川
8 正门 zhèngmén 名 正門
9 南部 nánbù 名 南部
10 京都 Jīngdū 地名 京都
11 ＊丁目＊番＊号 …dīngmù…fān…hào 句 日本の住所表示法

你知道吗？ Nǐ zhīdao ma?

「六 liù、lù」は「禄 lù（俸禄）」と同じ発音、「八 bā」は「发财 fācái（お金持ちになる）」の「发 fā」と似た発音（広東語では同音）で縁起のよい数です。一方「七 qī」は、仏教の葬礼では七日ごとに法要を行うため死を連想させるので縁起が悪いとされます。

中日漢字の違い（中－日）

门－門　离－離　钟－鐘　宫－宮　图－図　鸡－鶏　阪－阪

第13课 Wǒ dǎsuàn qù Zhōngguó liúxué 我打算去中国留学

（李さんと田中さんが卒業後の計画について話しています。）

043

Tiánzhōng, nǐ dàxué bìyè yǐhòu xiǎng zuò shénme?
李英华：田中，你大学毕业以后想做什么？

Wǒ dǎsuàn qù Zhōngguó liúxué.
田　中：我打算去中国留学。

Nǐ dǎsuàn qù nǎr?
李英华：你打算去哪儿？

Wǒ dǎsuàn qù nánfāng de mǒuge dàxué, zài nàr yìbiān xuéxí Pǔtōnghuà, yìbiān xuéxí fāngyán.
田　中：我打算去南方的某个大学，在那儿一边学习普通话，一边学习方言。

Wǒ juéde nǐ yīnggāi xiān qù Běijīng, zài nàr hǎohāor de xuéxí Pǔtōnghuà, yǐhòu zài qù nánfāng xuéxí fāngyán.
李英华：我觉得你应该先去北京，在那儿好好儿地学习普通话，以后再去南方学习方言。

Nǐ de xiǎngfǎ hěn hǎo. Liúxué qījiān, wǒ hái xiǎng gēn péngyou qù lǚyóu.
田　中：你的想法很好。留学期间，我还想跟朋友去旅游。

Zhōngguǒ míngshèng gǔjì hěn duō, gè dì fēngsú xíguàn yě bù yíyàng, wǒ xiǎng lǚyóu yě yídìng yǒu hěn dà shōuhuò.
李英华：中国名胜古迹很多，各地风俗习惯也不一样，我想旅游也一定有很大收获。

044

〈本文〉の新出単語

1 想法 xiǎngfǎ 名 ＿＿＿＿＿＿

2 方言 fāngyán 名 ＿＿＿＿＿＿

3 南方 nánfāng 名 ＿＿＿＿＿＿

4 期间 qījiān 名 ＿＿＿＿＿＿

5 名胜古迹 míngshèng gǔjì 名 ＿＿＿＿＿＿

6 风俗习惯 fēngsú xíguàn 名 ＿＿＿＿＿＿

7 收获 shōuhuò 名 ＿＿＿＿＿＿

8 毕业 bìyè 動 ＿＿＿＿＿＿

9 留学 liúxué 動 ＿＿＿＿＿＿

10 旅游 lǚyóu 動 ＿＿＿＿＿＿

11 想 xiǎng 動・助動 ＿＿＿＿＿＿

12 要 yào 助動 ＿＿＿＿＿＿

13 打算 dǎsuàn 助動 ＿＿＿＿＿＿

14 应该 yīnggāi 助動 ＿＿＿＿＿＿

15 一样 yíyàng 形 ＿＿＿＿＿＿

16 先 xiān 副 ＿＿＿＿＿＿

17 再 zài 副 ＿＿＿＿＿＿

18 好好儿 hǎohāor 副 ＿＿＿＿＿＿

19 一定 yídìng 副 ＿＿＿＿＿＿

20 某 mǒu 代 ＿＿＿＿＿＿

21 跟 gēn 前置 ＿＿＿＿＿＿

22 各地 gè dì 句 ＿＿＿＿＿＿

23 一边…一边… yìbiān…yìbiān… 句 ＿＿＿＿＿＿

文法28 助動詞（1）：想・要・打算・应该

助動詞は、動詞の一種で、述語動詞の前に置き、願望や意志・計画・能力などを表す。

想 xiǎng 願望・意志を表す。日本語に訳すと、「…したい／…したいと思う」のようになる。否定の場合は、「不想 bù xiǎng」などを使う。

（1）哥哥想买一台笔记本电脑。 Gēge xiǎng mǎi yì tái bǐjìběn diànnǎo.

（兄はノートパソコンを一台買いたがっています。）

（2）明天我不想去学校。 Míngtiān wǒ bù xiǎng qù xuéxiào.

（明日私は学校へ行きたくありません。）

要 yào 意志・必要などを表す。日本語に訳すと、「…したい／…するつもりだ／…しなければならない」となる。意志の否定の場合は、ふつう「不想」「不愿意 bú yuànyì」を使い、必要の否定の場合は、「不用 bú yòng」「不必 bú bì」を使う。どちらの場合も「不要 bú yào」を使わないので注意が必要である。

（3）我要回家。 Wǒ yào huí jiā.（私は家に帰りたい。）

（4）他明年要去中国留学。 Tā míngnián yào qù Zhōngguó liúxué.

（彼は来年中国へ留学に行くつもりです。）

（5）你要认真学习汉语。 Nǐ yào rènzhēn xuéxí Hànyǔ.

（あなたは努力して中国語を勉強しなければなりません。）

（6）我不想学汉语。 Wǒ bù xiǎng xué Hànyǔ.（私は中国語を勉強したくありません。）

（7）家里已经有了，不用再买了。 Jiā li yǐjing yǒu le, bú yòng zài mǎi le.

（家にすでに有るので、もう買う必要はありません。）

注意 「不要 bú yào」は禁止の意味を表します。たとえば：

不要大声说话。 Bú yào dàshēng shuōhuà.（大声で話をしてはいけません。）

打算 dǎsuàn 意志・予定などを表す。日本語に訳すと、「…したい／…するつもりだ」のようになる。否定の場合は、「不打算 bù dǎsuàn」を使う。

（8）田中打算暑假去学英语。 Tiánzhōng dǎsuàn shǔjià qù xué Yīngyǔ.
（田中さんは夏休みに英語を学びに行くつもりです。）

（9）我不打算跟她结婚。 Wǒ bù dǎsuàn gēn tā jiéhūn.
（私は彼女と結婚するつもりはありません。）

应该 yīngāi 道理や人情などから言って「…でなければならない／…すべきだ」の意味を表す。否定の場合には「不应该 bù yīnggāi」を使う。

（10）自己的事情应该自己做。 Zìjǐ de shìqing yīnggāi zìjǐ zuò.（自分の事は自分ですべきです。）

（11）你应该先吃饭，后吃药。 Nǐ yīnggāi xiān chī fàn, hòu chī yào.
（あなたは先にご飯を食べ、後で薬を飲むべきです。）

（12）上课时，不应该玩手机。 Shàngkèshí, bù yīnggāi wán shǒujī.
（授業中、携帯電話をいじるべきではありません。）

文法29 状態語と助詞「地」

状態語とは、動詞や形容詞の前に置き、それを修飾する成分である。修飾された動詞や形容詞を中心語と言う。

状態語になる成分は形容詞・形容詞の重ね型（☞）、副詞、時間名詞、前置詞句（☞ p89）などである。多音節形容詞が状態語となるときは、状態語と中心語の間に助詞「地 de」を使うこともある。

（13）学习外语应该多听、多说。 Xuéxí wàiyǔ yīnggāi duō tīng、duō shuō.
（外国語を勉強するには、よく聞き、よく話さなければなりません。）

（14）他们认真地工作。 Tāmen rènzhēn de gōngzuò.（彼らはまじめに働きます。）

（15）昨天非常热。 Zuótiān fēicháng rè.（昨日とても暑かった。）

（16）我们明天上午不上课。 Wǒmen míngtiān shàngwǔ bú shàng kè.
（私たちは明日の午前中は授業がありません。）

（17）他每天往家里打电话。 Tā měitiān wǎng jiāli dǎ diànhuà.（彼は毎日家に電話します。）

文法30 形容詞の重ね型

中国語の形容詞は重ねて使うことができ、その場合、強調を加えることになる。重ねた形容詞は限定語や状態語として用いられる。

1）単音節形容詞（A）の重ね型は、「ＡＡ」の型になる。

（18）大 dà（大きい） ⇒ 大大 ⇒ 大大的眼睛（大きな目）dàdà de yǎnjing
小 xiǎo（小さい） ⇒ 小小 ⇒ 小小的嘴（小さな口）xiǎoxiǎo de zuǐ
高 gāo（高い） ⇒ 高高 ⇒ 高高的个子（高い背丈）gāogāo de gèzi

矮 ǎi（低い）　⇒　矮矮　⇒　矮矮的房屋（低い家）ǎiǎi de fángwū

厚 hòu（厚い）　⇒　厚厚　⇒　厚厚的书（厚い本）hòuhòu de shū

薄 báo（薄い）　⇒　薄薄　⇒　薄薄的嘴唇（薄い唇）báobáo de zuǐchún

2）二音節形容詞（ＡＢ）の重ね型は、「ＡＡＢＢ」の型になる。

(19) 干净 gānjìng（清潔な）⇒　干干净净

⇒　干干净净的衣服（清潔な衣服）gāngan-jìngjìng de yīfu

地道 dìdao（本場の）⇒　地地道道

⇒　地地道道的中国菜（本場の中国料理）dìdi-dāodāo de zhōngguócài

漂亮 piàoliang（美しい）⇒　漂漂亮亮

⇒　漂漂亮亮的姑娘（美しい娘）piàopiao-liāngliāng de gūniang

整齐 zhěngqí（整った）⇒　整整齐齐

⇒　整整齐齐地排列着（きちんと並んでいる）zhěngzheng-qíqí de páilièzhe

文法31　前置詞と前置詞句（1）：跟・往

前置詞は、名詞や代名詞などの前に置き、その名詞や代名詞と共に前置詞句を構成し、動作の対象・場所・時間・方向などの意味を表す。前置詞句は状態語として、述語の前に置く。

跟 gēn　…と（☞ p88　例文(9)）

(20) 晚上我跟他一起去看朋友。 Wǎnshang wǒ gēn tā yìqǐ qù kàn péngyou.

（夜に私は彼と一緒に友達に会いに行きます。）

往 wǎng　…に向けて（☞ p88　例文(17)）

(21) 往南走三百米就是车站。 Wǎng nán zǒu sānbǎi mǐ jiùshì chēzhàn.

（南へ向かって300メートル行けば、そこが駅です。）

〈文法〉の新出単語

1 暑假 shǔjià [名] ______

2 药 yào [名] ______

3 上午 shàngwǔ [名] ______

4 回家 huíjiā [動] ______

5 结婚 jiéhūn [動] ______

6 自己 zìjǐ [代] ______

7 后 hòu [副] ______

8 已经 yǐjing [副] ______

9 米 mǐ [量] ______

10 打电话 dǎ diànhuà [句] ______

11 …就是… ...jiùshì... [句] ______

練 習 （〈練習〉の新出単語 ☞ p91）

1）次のピンインを漢字に改めて、日本語に訳しなさい。

① Wǒ xiǎng míngnián qù Zhōngguó liúxué.

____________________ 訳：____________________

② Wǒ dǎsuàn xuéxí Yīngyǔ.

____________________ 訳：____________________

③ Xīngqīyī wǒ bù xiǎng qù xuéxiào.

____________________ 訳：____________________

④ Nǐ yīnggāi zhèyàng zuò.

____________________ 訳：____________________

⑤ Nǐ yào hǎohāor xuéxí Pǔtōnghuà.

____________________ 訳：____________________

2）次の中国語を日本語に訳しなさい。

① 大学毕业以后，我打算去贸易公司工作。

Dàxué bìyè yǐhòu, wǒ dǎsuàn qù màoyì gōngsī gōngzuò.

____

② 骑自行车时，不应该打电话。 Qí zìxíngchē shí, bù yīnggāi dǎ diànhuà.

____

③ 我想好好儿学习普通话。 Wǒ xiǎng hǎohāor xuéxí Pǔtōnghuà.

____

④ 他经常一边吃饭，一边看电视。 Tā jīngcháng yìbiān chī fàn, yìbiān kàn diànshì.

____

⑤ 我打算去北京出差。 Wǒ dǎsuàn qù Běijīng chūchāi.

____

3）次の日本語を中国語に訳しなさい。

① 大学を卒業後、あなたはどんな仕事をしたいですか。

____

② 午後何をするつもりですか。 テニスをするつもりです。

____

③ 今日は９時前に登校しなければなりません。

____

④ 今晩、彼女といっしょに映画を見に行くつもりです。

____

⑤ したくないことは、私はしません。

____

4）友達と、次の会話を練習しなさい。

① 你大学毕业以后想做什么?

______________________________。

② 你想去中国留学吗?

______________________________。

③ 你早上往家打电话了吗?

______________________________。

④ 应该先吃饭，后吃药，对吗?

______________________________。

〈練習〉の新出単語

1 贸易公司 màoyìgōngsī 名 貿易会社
2 广东话 Guǎngdōnghuà 名 広東語
3 工作 gōngzuò 名 仕事
4 以前 yǐqián 名 以前
5 出差 chūchāi 動 出張する
6 完成 wánchéng 動 完成する、…し終える
7 这样 zhèyàng 副 このように
8 打网球 dǎ wǎngqiú 句 テニスをする

5）日本語の意味に合うように、中国語の単語を並べ替えて正しい文を作りなさい。

① 好好儿　我　工作　学习　以后　汉语　再　打算　先
（私は先にちゃんと中国語を勉強してから仕事をするつもりです。）

____

② 这个　完成　工作　在　要　五点　以前
（この仕事は５時前に終わらなければなりません。）

____

③ 去　你　一个人　应该（あなたは一人で行くべきです。）

____

中日漢字の違い（中－日）

继－継　续－続　应－応　该－該　记－記　脑－脳　药－薬
净－浄　齐－斉　动－動　假－仮　结－結　为－為　种－種
胜－勝　风－風　业－業

第14课 我是六点起来的

Wǒ shì liù diǎn qǐlai de

（田中さんと李さんが毎日の生活について話しています。）

045

Xiǎo Lǐ, nǐ měitiān jǐ diǎn qǐchuáng?
田　中：小 李，你 每天 几 点 起床？

Liù diǎn yí kè zuǒyòu. Wǒ jīntiān shì liù diǎn qǐlai de.
李英华：六 点 一刻 左右。我 今天 是 六 点 起来 的。

Nǐ qǐchuáng yǐhòu zuò shénme?
田　中：你 起床 以后 做 什么？

Xiān qù pǎobù, ránhòu xǐ liǎn、shuā yá、chī fàn, bā diǎn shàngxué.
李英华：先 去 跑步，然后 洗 脸、刷 牙、吃 饭，八 点 上学。

Nǐ báitiān zuò shénme?
田　中：你 白天 做 什么？

Wǒ shàngwǔ shàng kè, xiàwǔ qù túshūguǎn kàn shū.
李英华：我 上午 上 课，下午 去 图书馆 看 书。

Nǐ dǎgōng ma?
田　中：你 打工 吗？

Dǎgōng, měitiān wǎnshang cóng liù diǎn dào shí diǎn zài fànguǎn dǎgōng.
李英华：打工，每天 晚上 从 六 点 到 十 点 在 饭馆 打工。

Měitiān dōu zhèyàng, lèi bu lèi?
田　中：每天 都 这样，累 不 累？

Yǒudiǎnr lèi, búguò, wǒ shēntǐ hǎo, méi guānxi.
李英华：有点儿 累，不过，我 身体 好，没 关系。

046

〈本文〉の新出単語

1 脸 liǎn 名 ______

2 牙 yá 名 ______

3 起床 qǐchuáng 動 ______

4 跑步 pǎobù 動 ______

5 刷 shuā 動 ______

6 然后 ránhòu 副 ______

7 不过 búguò 接 ______

8 从 cóng 前置 ______

9 到 dào 前置 ______

第14课

文法32 主述述語文

主述述語文とは、述語の中にさらに主語と述語とがある構文である。

（限定語）＋主語＋主述述語（主語＋述語）

この構文では、全文の主語は「大主語」と言い、主述述語部分の主語は「小主語」と言う。日本語に訳すと、「（大主語）は（小主語）が（述語）する」となる。

（1）他个子很高。 Tā gèzi hěn gāo.（彼は背が高い。）

（2）今天天气很好。 Jīntiān tiānqì hěn hǎo.（今日は天気が良い。）

（3）我们学校留学生不太多。 Wǒmen xuéxiào liúxuéshēng bú tài duō.
（私たちの学校は留学生があまり多くない。）

（4）这个商店的东西价钱不贵。 Zhè ge shāngdiàn de dōngxi jiàqián bú guì.
（この店の商品は値段が高くない。）

文法33 前置詞と前置詞句（2）：从・到・给・对

从 cóng …から（起点）

（5）第一节课从九点十分开始。 Dì-yī jié kè cóng jiǔ diǎn shí fēn kāishǐ.
（一時間目の授業は9時10分から始まります。）

（6）他是从北京来的。 Tā shì cóng Běijīng lái de.（彼は北京から来たのです。）

到 dào …まで（終点）

（7）到车站要十分钟。 Dào chēzhàn yào shí fēnzhōng.（駅まで十分かかります。）

（8）从十一点半到十二点是休息时间。 Cóng shíyī diǎn bàn dào shíèr diǎn shì xiūxi shíjiān.
（11時半から12時までは休憩時間です。）

给 gěi …に

（9）你给她打电话吧。 Nǐ gěi tā dǎ diànhuà ba.（彼女に電話をかけてください。）

对 duì …に（対して）

（10）他对客人特别热情。 Tā duì kèren tèbié rèqíng.（彼はお客さんに対してとても親切です。）

文法34 「是…的」の構文

すでに実現をみた動作について、その時間、場所と方法などを特に強調する場合、「是…的」という構文を使う。

（限定語）＋主語＋是＋時間・場所・方法＋動詞＋的

日本語に訳すと、「（主語）は いつ・どこで・どのように（動詞）したのです」となる。

(11) 我是昨天回来的。 Wǒ shì zuótiān huílái de.（私は昨日帰って来たのです。）

(12) 这本书是在北京买的。 Zhè běn shū shì zài Běijīng mǎi de.（この本は北京で買ったのです。）

(13) 她是坐飞机来的。 Tā shì zuò fēijī lái de.（彼女は飛行機で来たのです。）

この構文の述語動詞は目的語を取るとき、次の点に注意する必要がある。

1）名詞の場合、目的語は「的」の後に置く。

(14) 我是昨天上午买的书。 Wǒ shì zuótiān shàngwǔ mǎi de shū.
（私は昨日の午前中に本を買ったのです。）

2）代名詞の場合、目的語は「的」の前後どちらに置いてもかまいません。

(15) 我是今天早上告诉他的。 Wǒ shì jīntiān zǎoshang gàosu tā de.
我是今天早上告诉的他。 Wǒ shì jīntiān zǎoshang gàosu de tā.
（私は今朝彼に伝えたのです。）

〈文法〉の新出単語

1 时间 shíjiān 名 ______________________

2 客人 kèren 名 ______________________

3 个子 gèzi 名 ______________________

4 飞机 fēijī 名 ______________________

5 天气 tiānqì 名 ______________________

6 热情 rèqíng 形 ______________________

7 特别 tèbié 副 ______________________

練 習 （〈練習〉の新出単語 ☞ p97）

1）次のピンインを漢字に改めて、日本語に訳しなさい。

① Lǐ Yīnghuá xiàwǔ zài túshūguǎn kàn shū.

＿＿＿＿＿＿＿＿＿＿＿＿ 訳：＿＿＿＿＿＿＿＿＿＿＿＿

② Tā qùnián cóng Běijīng lái Dàbǎn liúxué.

＿＿＿＿＿＿＿＿＿＿＿＿ 訳：＿＿＿＿＿＿＿＿＿＿＿＿

③ Tā měitiān zǎoshang dōu qù pǎobù.

＿＿＿＿＿＿＿＿＿＿＿＿ 訳：＿＿＿＿＿＿＿＿＿＿＿＿

④ Wǒmen xuéxiào liúxuéshēng hěn duō.

＿＿＿＿＿＿＿＿＿＿＿＿ 訳：＿＿＿＿＿＿＿＿＿＿＿＿

⑤ Nǐ xiàwǔ gěi tā dǎ diànhuà ba.

＿＿＿＿＿＿＿＿＿＿＿＿ 訳：＿＿＿＿＿＿＿＿＿＿＿＿

2）次の中国語を日本語に訳しなさい。

① 我从下午四点到六点在饭馆打工。

Wǒ cóng xiàwǔ sì diǎn dào liù diǎn zài fànguǎn dǎgōng.

＿＿＿＿＿＿＿＿＿＿＿＿＿＿＿＿＿＿＿＿＿＿＿＿

② 我们的第一节课从上午九点十分开始。

Wǒmen de dì yī jié kè cóng shàngwǔ jiǔ diǎn shí fēn kāishǐ.

＿＿＿＿＿＿＿＿＿＿＿＿＿＿＿＿＿＿＿＿＿＿＿＿

③ 他对工作特别认真。 Tā duì gōngzuò tèbié rènzhēn.

＿＿＿＿＿＿＿＿＿＿＿＿＿＿＿＿＿＿＿＿＿＿＿＿

④ 今天天气不太好，早点儿回家吧。 Jīntiān tiānqì bú tài hǎo, zǎodiǎnr huíjiā ba.

＿＿＿＿＿＿＿＿＿＿＿＿＿＿＿＿＿＿＿＿＿＿＿＿

⑤ 小李是骑自行车上学的。 Xiǎo Lǐ shì qí zìxíngchē shàngxué de.

＿＿＿＿＿＿＿＿＿＿＿＿＿＿＿＿＿＿＿＿＿＿＿＿

3）次の日本語を中国語に訳しなさい。

① 私は大阪から新幹線に乗って、東京へ行きます。

____

② 今朝、私は７時20分に起きたのです。

____

③ 李さんは毎月両親に手紙を書きます。

____

④ 私は毎日午前中に授業を受けて、午後にアルバイトをします。

____

⑤ 彼は音楽に対して、とても興味があります。

____

4）友達と、次の会話を練習しなさい。

① 你每天几点起床?

______________________________。

② 你今天早上是几点起来的?

______________________________。

③ 你起床以后做什么?

______________________________。

④ 你从几点开始上课?

______________________________。

⑤ 你经常给你的朋友打电话吗?

______________________________。

水郷の町・朱家角（著者　撮影）

5）日本語の意味に合うように、中国語の単語を並べ替えて正しい文を作りなさい。

① 李英华　晚上　上午　下午　上课　打工　看书

（李英華さんは午前中に授業を受け、午後に本を読み、夜にアルバイトをします。）

______

② 起来　先　我　洗脸　早上　以后　报纸　然后　看　刷牙

（私は朝起きてから、先に新聞を読み、その後で顔を洗い歯を磨きます。）

______

③ 你　从　坐　回家　电车　哪儿

（あなたはどこから電車に乗って帰りますか。）

______

〈練習〉の新出単語

1 每天 měitiān 名 毎日

2 新干线 xīngànxiàn 名 新幹線

3 音乐 yīnyuè 名 音楽

4 信 xìn 名 手紙

5 报纸 bàozhǐ 名 新聞

6 电车 diànchē 名 電車

7 写 xiě 動 書く

8 早点儿 zǎodiǎnr 副 早めに

9 感兴趣 gǎn xìngqu 句 （…対して）興味がある

10 每个月 měi ge yuè 句 毎月

你知道吗？ Nǐ zhīdao ma?

球技の名前には、意味や音を表す言葉の下に「球」をつけて表します。次の球技は何かわかりますか。

1）棒球 bàngqiú　　2）足球 zúqiú

3）篮球 lánqiú　　4）排球 páiqiú

5）冰球 bīngqiú　　6）乒乓球 pīngpāngqiú

7）门球 ménqiú　　8）高尔夫球 gāoěrfūqiú

中日漢字の違い（中－日）

步－歩　牙－牙　从－従　样－様　热－熱　价－価　飞－飛

第15课 昨晚看电视了吗

Zuówǎn kàn diànshì le ma

Tiánzhōng, zuótiān wǎnshang nǐ kàn diànshì le ma?
李英华：田中，昨天晚上你看电视了吗？

047

Méi kàn, yǒu shénme hǎokàn de jiémù ma?
田　中：没看，有什么好看的节目吗？

Zuówǎn diànshìli yǒu yí ge Zhōngguó diànyǐng.
李英华：昨晚电视里有一个中国电影。

Shénme diànyǐng?
田　中：什么电影？

《Chìbì》, shì Liáng Cháowěi děng zhǔyǎn de.
李英华：《赤壁》，是梁朝伟等主演的。

Shì ma, tài yíhàn le.
田　中：是吗，太遗憾了。

Nǐ kànguo Zhōngguó diànyǐng ma?
李英华：你看过中国电影吗？

Kànguo, wǒ tèbié xǐhuan kàn Zhāng Yìmóu dǎoyǎn de diànyǐng.
田　中：看过，我特别喜欢看张艺谋导演的电影。

Shì ma. A, yǐjing hěn wǎn le, wǒmen yīnggāi huíjiā le.
李英华：是吗。啊，已经很晚了，我们应该回家了。

Hǎo, zǒu ba.
田　中：好，走吧。

048

〈本文〉の新出単語

1 昨晚 zuówǎn 名 ____________
2 节目 jiémù 名 ____________
3 赤壁 Chìbì 名 ____________
4 梁朝伟 Liáng Cháowěi 人名 ____________
5 张艺谋 Zhāng Yìmóu 人名 ____________
6 主演 zhǔyǎn 動 ____________
7 导演 dǎoyǎn 動 ____________
8 遗憾 yíhàn 形 ____________
9 晚 wǎn 形 ____________
10 因为 yīnwèi 接 ____________
11 为什么 wèishénme 句 ____________

第15课

文法35 助詞「了」

中国語には、「過去・現在・未来」のような時制の区別がない。そのかわりに、動作がいまどのような段階にあるかを細かく言い分けるとき、述語動詞の直後にアスペクト助詞「了 le、着 zhe（☞ p105）、过 guo（☞ p100）」を使う。

アスペクト助詞「了」は動作行為の発生・実現を表し、日本語に訳すと、「…した」となる。否定の場合、述語動詞の前に否定副詞「没有 méiyǒu ／没 méi」を使い、「了」は取る。

（1）我喝了一杯咖啡。 Wǒ hēle yì bēi kāfēi.（私はコーヒーを一杯飲みました。）

（2）爸爸买了一辆新车。 Bàba mǎile yí liàng xīn chē.（父は新しい乗用車を一台買いました。）

（3）昨天我没有去学校。 Zuótiān wǒ méiyǒu qù xuéxiào.
（きのう私は学校へ行きませんでした。）

動作の発生・実現する時間は過去、未来いずれであっても構わない。

過去：（4）昨天我买了一本书。 Zuótiān wǒ mǎile yì běn shū.
（きのう私は本を一冊買いました。）

未来：（5）等我有了钱，一定还你。 Děng wǒ yǒule qián, yídìng huán nǐ.
（お金ができたら、必ずあなたに返します。）

注意 形容詞、習慣的な動作と状態を表す動詞は、過去でも「了」を使いません。
昨天很暖和。 Zuótiān hěn nuǎnhuo.（昨日はとても暖かかった。）
以前他常来这儿。 Yǐqián tā cháng lái zhèr.（以前彼はよくここに来ました。）
我昨天在学校。 Wǒ zuótiān zài xuéxiào.（私はきのう学校にいました。）

また、「了」を文末に使うこともある。この場合、「了」は変化や変化に気づくことを表し、日本語に訳すと、「…になった」となる。

（6）天冷了，注意别感冒了。 Tiān lěng le, zhùyì bié gǎnmào le.
（寒くなりましたので、風邪をひかないように注意してください。）

（7）已经十二点了，快睡觉吧。 Yǐjing shíèr diǎn le, kuài shuìjiào ba.
（もう12時になっているので、早く寝なさい。）

（8）啊，下雨了。 A, xià yǔ le.（あ、雨が降ることになった。 ⇒ あ、雨だ。）

ただし、このように使った「了」はアスペクト助詞ではなく、語気助詞である。言語学では、区别するために、前者を「了$_1$」と言い、後者を「了$_2$」と言う。当然、両者を同時に使っても構わない。

（9）我买了词典了。 Wǒ mǎile cídiǎn le.

（私は辞書を買って持つようになりました。 ⇒ 私は辞書を買いました。）

文法36 助詞「过」

アスペクト助詞「过」は過去の経験を表し、日本語に訳すと、「…したことがある」となる。否定の場合、動詞の前に否定副詞「没有／没」を使う。

（10）我学过汉语。 Wǒ xuéguo Hànyǔ.（私は中国語を習ったことがあります。）

（11）这件事情我没听说过。 Zhè jiàn shìqing wǒ méi tīngshuōguo.

（このことについては、私は聞いたことがありません。）

（12）我还没有吃过生鱼片呢。 Wǒ hái méiyǒu chīguo shēngyúpiàn ne.

（私はまだ刺身を食べたことがありません。）

（13）你去过中国吗? 没去过。 Nǐ qùguo Zhōngguó ma? Méi qùguo.

（あなたは中国に行ったことがありますか。 行ったことがありません。）

〈文法〉の新出単語

1 咖啡 kāfēi 名 ____________

2 雨 yǔ 名 ____________

3 感冒 gǎnmào 名 ____________

4 生鱼片 shēngyúpiàn 名 ____________

5 听说 tīngshuō 動 ____________

6 睡觉 shuìjiào 動 ____________

7 还 huán 動 ____________

8 注意 zhùyì 動 ____________

9 快 kuài 副 ____________

10 下雨 xià yǔ 句 ____________

11 别…了 bié...le 句 ____________

練習 （〈練習〉の新出単語 ☞ p103）

1）次のピンインを漢字に改めて、日本語に訳しなさい。

① Wǒ yǐqián kànguo Zhōngguó diànyǐng.

________________ 訳：________________

② Tiān lěng le, bié gǎnmào le.

________________ 訳：________________

③ Gēge mǎile yì běn xīn cídiǎn.

________________ 訳：________________

④ Nǐ chīguo shēngyúpiàn ma?

________________ 訳：________________

⑤ Zhège diànyǐng shì Chéng Lóng zhǔ yǎn de.

________________ 訳：________________

2）次の中国語を日本語に訳しなさい。

① 这件事情我以前没听说过。 Zhè jiàn shìqing wǒ yǐqián méi tīngshuōguo.

____

② 我昨天晚上没看电视。 Wǒ zuótiān wǎnshang méi kàn diànshì.

____

③ 我没看过这个电影。 Wǒ méi kànguo zhège diànyǐng.

____

④ 你去过北京吗？　去过。 Nǐ qùguo Běijīng ma?　Qùguo.

____

⑤ 我二十岁了，应该独立了。 Wǒ èrshí suì le, yīnggāi dúlì le.

____

3）次の日本語を中国語に訳しなさい。

① 昨夜テレビで中国の映画がありました。

____

② 彼女は新しい自転車を一台買いました。

____

③ もう遅くなりましたので、外へ出かけないでください。

____

④ あなたは毎日、新聞を読みますか。　　毎日読みます。

____

⑤ 昨日、私は日本語の小説を一冊読みました。

____

4）友達と、次の会話を練習しなさい。

① 你每天早上看电视吗?

______________。

② 你今天早上看报纸了吗?

______________。

③ 你看过《赤壁》这个电影吗?

______________。

④ 你听过中国音乐吗?

______________。

⑤ 你吃了午饭了吗?

______________。

5）日本語の意味に合うように、中国語の単語を並べ替えて正しい文を作りなさい。

① 一定　　今天晚上　　我　　成龙　　看　　的　　电影

（今晩、私は必ずジャッキー・チェンの映画を見ます。）

____

② 汽车　　他　　买了　　一辆　　日本　　在（彼は日本で一台の車を買いました。）

____

③ 香港　我　去过　但是　没　北京　去过

（私は香港へ行ったことはありますが、しかし北京へ行ったことはありません。）

〈練習〉の新出単語

1 小说 xiǎoshuō 名 小説

2 午饭 wǔfàn 名 昼ごはん

3 成龙 Chéng Lóng 人名 ジャッキー・チェン

4 香港 Xiānggǎng 地名 香港

5 外出 wàichū 動 出かける；外出する

6 独立 dúlì 動 自立する；独立する

7 迟 chí 形 遅い；遅れる

8 但是 dànshì 接 しかし

京都・嵐山にある周恩来総理記念詩碑（著者 撮影）

中日漢字の違い（中－日）

闻－聞　卧－臥　遗－遺　虎－虎　龙－竜　藏－蔵

第16课 Wǒ zhèngzài kàn bàngqiúsài ne 我 正在 看 棒球赛 呢

（田中さんと李さんが電話をしています。）

049

Xiǎo Lǐ, nǐ zài zuò shénme ne?
田 中：小 李，你 在 做 什么 呢？

Wǒ zài zuò zuòyè ne, nǐ ne?
李英华：我 在 做 作业 呢，你呢？

Wǒ zhèngzài kàn bàngqiúsài ne.
田 中：我 正在 看 棒球赛 呢。

Shénme bǐsài?
李英华：什么 比赛？

Běijīng Àoyùnhuì bànjuésài de lùxiàng, diànshìli zhèng bōzhe ne.
田 中：北京 奥运会 半决赛 的 录像，电视里 正 播着 呢。

Shì Rìběnduì duì Hánguóduì ba?
李英华：是 日本队 对 韩国队 吧。

Shì de. Xiǎo Lǐ, míngtiān qù tǐyùchǎng kàn bǐsài, zěnmeyàng?
田 中：是 的。小李，明天 去 体育场 看 比赛，怎么样？

Shì xiàwǔ qù háishi wǎnshang qù?
李英华：是 下午 去 还是 晚上 去？

Wǎnshang qù. Yǒu shíjiān ma?
田 中：晚上 去。有 时间 吗？

Zhēn yíhàn, wǎnshang wǒ yǐjing yǒu qítā ānpái le.
李英华：真 遗憾，晚上 我 已经 有 其他 安排 了。

050

〈本文〉の新出単語

1 棒球 bàngqiú 名 ＿＿＿＿
2 赛 sài 名 ＿＿＿＿
3 比赛 bǐsài 名 ＿＿＿＿
4 奥运会 Àoyùnhuì 名 ＿＿＿＿
5 半决赛 bànjuésài 名 ＿＿＿＿
6 录像 lùxiàng 名 ＿＿＿＿
7 韩国 Hánguó 地名 ＿＿＿＿
8 体育场 tǐyùchǎng 名 ＿＿＿＿
9 队 duì 名 ＿＿＿＿
10 安排 ānpái 名 ＿＿＿＿
11 播 bō 動 ＿＿＿＿
12 正在 zhèngzài 副 ＿＿＿＿
13 在 zài 副 ＿＿＿＿
14 还是 háishì 接 ＿＿＿＿
15 呢 ne 助 ＿＿＿＿

文法37 助詞「着」

アスペクト助詞「着」は、述語動詞の後に置いて、ある動作の進行や動作後の状態が持続中であることを表す。日本語に訳すと、「…している」となる。否定の場合は、動詞の前に「没有、没」を付ける。

（1）我们上着课。 Wǒmen shàngzhe kè.（私たちは授業を受けています。）

（2）他穿着一件新衣服。 Tā chuānzhe yí jiàn xīn yīfu.（彼は一着の新しい服を着ています。）

（3）老师拿着一本汉语词典。 Lǎoshī názhe yì běn Hànyǔ cídiǎn.
（先生は中国語辞典を一冊持っています。）

（4）屋子里的灯开着。 Wūzi li de dēng kāizhe.
（部屋の中の電気がついています。）

（5）墙上挂着一张世界地图。 Qiáng shang guàzhe yì zhāng shìjiè dìtú.
（壁には世界地図が一枚掛っています。）

（6）门关着，灯没开着，里面肯定没人。 Mén guānzhe, dēng méi kāizhe, lǐmian kěndìng méi rén.
（戸は閉まっているし、電気もついていないから、中にはきっと誰もいません。）

文法38 動作の持続と進行の表現

動作の進行を表す場合、述語動詞の前に副詞「正在 zhèngzài」を置き、文末に語気助詞「呢 ne」を用いる。

（限定語）＋主語＋正在＋述語動詞＋（目的語）＋呢

日本語に訳すと、「（主語）は（目的語）を（述語動詞）している」になる。

（7）妈妈正在做饭呢。 Māma zhèngzài zuò fàn ne.（母はご飯を作っています。）

（8）弟弟正在做作业呢。 Dìdi zhèngzài zuò zuòyè ne.（弟は宿題をしています。）

（9）昨天他来的时候，我正在看电视呢。 Zuótiān tā lái de shíhou, wǒ zhèngzài kàn diànshì ne.
（昨日彼が来たとき、私はテレビを見ているところでした。）

「正在」の代わりに、副詞「正 zhèng、在 zài」を使うこともできる。また、「正在」と「呢」とは、どちらか一方を省略できる。

(10) 外面正下雨呢。 Wàimian zhèng xià yǔ ne.（外は雨が降っています。）

(11) 我们正在上课。 Wǒmen zhèngzài shàng kè.

= 我们上课呢。 Wǒmen shàng kè ne.（私たちは授業を受けています。）

この文型の述語動詞の後に、アスペクト助詞「着」を使うこともできる。

(12) 他们正在谈着话呢。 Tāmen zhèngzài tánzhe huà ne.（彼らは話をしています。）

文法39 選択疑問文

選択疑問文とは、AとBの二つの選択肢から、一つを選ぶ疑問文である。文型は「主語是A还是B」の形で、日本語に訳すと、「主語はAですか、それともBですか」となる。

(13) 他是中国人还是日本人? Tā shì Zhōngguórén háishì Rìběnrén?

（彼は中国人ですか、それとも日本人ですか。）

(14) 你（是）喝茶还是喝咖啡? Nǐ (shì) hē chá háishì hē kāfēi?

（あなたはお茶を飲みますか、それともコーヒーを飲みますか。）

文法40 相手の意見の聞き方

相手の意見を尋ねる時、まず尋ねたい内容を言ってから、文末に「好不好 hǎo bu hǎo／好吗 hǎoma（…いいですか）」をつける。

(15) 我们晚上去看电影，好不好? Wǒmen wǎnshang qù kàn diànyǐng, hǎo bu hǎo?

（私たちは夜映画を見に行きませんか。）

「好不好／好吗」の代わりに、「行不行 xíng bu xíng／行吗 xíng ma（…いけますか；いいですか）」、「可以不可以 kěyǐ bu kěyǐ／可以吗 kěyǐ ma（…よろしいですか）」、「怎么样 zěnmeyàng（…どうですか／…いかがですか）」なども使える。

(16) 你和我去看棒球赛，行吗? Nǐ hé wǒ qù kàn bàngqiúsài, xíng ma?

（私と野球の試合を見に行きませんか。）

(17) 你帮我一下，可以吗? Nǐ bāng wǒ yíxià, kěyǐ ma?

（ちょっと手伝ってくれませんか。）

(18) 晚上一起去吃饭，怎么样? Wǎnshang yìqǐ qù chī fàn, zěnmeyàng?

（夜いっしょに食事をしに行きませんか。）

〈文法〉の新出単語

1 世界地图 shìjiè dìtú 名 ____________
2 屋子 wūzi 名 ____________
3 墙 qiáng 名 ____________
4 门 mén 名 ____________
5 灯 dēng 名 ____________
6 时候 shíhou 名 ____________
7 穿 chuān 動 ____________
8 挂 guà 動 ____________
9 开 kāi 動 ____________
10 关 guān 動 ____________
11 帮 bāng 動 ____________
12 谈话 tánhuà 動 ____________
13 肯定 kěndìng 副 ____________

練習 （〈練習〉の新出単語 ☞ p109）

1）次のピンインを漢字に改めて、日本語に訳しなさい。

① Jiàoshì de mén kāizhe.

____________ 訳：____________

② Wūzi li méiyǒu rén.

____________ 訳：____________

③ Dìdi zhèngzài kàn diànshì ne.

____________ 訳：____________

④ Diànshì li zhèng bōzhe zúqiúsài ne.

____________ 訳：____________

⑤ Nǐ bāng wǒ kāi yíxià dēng, hǎo ma?

____________ 訳：____________

2）次の中国語を日本語に訳しなさい。

① 你在做什么？ 我在给爸爸写信。 Nǐ zài zuò shénme? Wǒ zài gěi bàba xiě xìn.

____

② 他拿着一本日语小说。 Tā názhe yì běn Rìyǔ xiǎoshuō.

____

③ 他正做着作业。 Tā zhèng zuòzhe zuòyè.

____

④ 我现在没时间，明天给你打电话，好吗？

Wǒ xiànzài méi shíjiān, míngtiān gěi nǐ dǎ diànhuà, hǎo ma?

____

⑤ 你帮我买一下，怎么样？ Nǐ bāng wǒ mǎi yí xià, zěnmeyàng?

____

3）次の日本語を中国語に訳しなさい。

① 田中さんは何をしていますか。 ご飯を作っています。

____

② 来年一緒に中国へ旅行に行きませんか。

____

③ 私にパンを一つ買ってきてくれませんか。

____

④ 私の部屋には日本地図が一枚掛っています。

____

⑤ 外は雨が降っていますので、出かけないでください。

____

4）友達と、次の会話を練習しなさい。

① A：你现在在做什么呢？

B：______________________________。

② A：你手里拿着什么呢？

B：______________________________。

③ A：教室里的灯开着吗？

B：______________________________。

④ A：墙上挂着一张世界地图，对吗？

B：______________________________。

⑤ A：我们一起回家，好不好？

B：______________________________。

5）次の文の誤りを正しく改めなさい。

① 他正在看书着呢。

② 昨天他来的时候，我正看电视了。

③ 晚上去看足球赛吗，怎么样?

6）日本語の意味に合うように、中国語の単語を並べ替えて正しい文を作りなさい。

① 的时候　做饭　昨天　正在　我　回家　呢　妈妈

（昨日、私が家に帰ったとき、母は料理を作っているところでした。）

② 一起　明天　博物馆　好不好　我们　去

（明日、一緒に博物館へ行きませんか。）

③ 中国电影　播着　正在　电视里　呢

（テレビではいま中国映画を放送しています。）

〈練習〉の新出単語

1 足球 zúqiú 名 サッカー

2 日语 Rìyǔ 名 日本語

3 电视机 diànshìjī 名 テレビ

4 日本地图 Rìběn dìtú 名 日本地図

5 博物馆 bówùguǎn 名 博物館

6 旅行 lǚxíng 名・動 旅行、旅行する

中日漢字の違い（中－日）

录－録　决－決　德－徳　着－着　锁－鎖　穿－穿　谈－談

帮－幇　挂－掛

第16课

第17课 他比我小两岁

Tā bǐ wǒ xiǎo liǎng suì

051

Tiánzhōng, nǐ yǒu yí ge dìdi shì ba?
李英华：田中，你有一个弟弟，是吧？

Shì de, tā jīnnián gāozhōng bìyè, zhèng zhǔnbèi kǎo dàxué ne.
田　中：是的，他今年高中毕业，正准备考大学呢。

Tā jīnnián duō dà?
李英华：他今年多大？

Tā bǐ wǒ xiǎo liǎng suì, jīnnián shíbā.
田　中：他比我小两岁，今年十八。

Tā yě hé nǐ yíyàng xǐhuan wénkē ma?
李英华：他也和你一样喜欢文科吗？

Bù, tā xǐhuan lǐkē, yǔwén、lìshǐ dōu bú tài hǎo.
田　中：不，他喜欢理科，语文、历史都不太好。

Tā Yīngyǔ yǒu méiyǒu nǐ hǎo?
李英华：他英语有没有你好？

Gēn wǒ chàbuduō. Búguò, tā zài Běijīng zhùguo, hái huì shuō Hànyǔ.
田　中：跟我差不多。不过，他在北京住过，还会说汉语。

Shì ma, nà néng gěi wǒ jièshao-jièshao ma?
李英华：是吗，那能给我介绍介绍吗？

Kěyǐ, wǒ xiǎng nǐmen huì chéngwéi hǎo péngyou de.
田　中：可以，我想你们会成为好朋友的。

052

〈本文〉の新出単語

1 高中 gāozhōng 名 ＿＿＿＿
2 文科 wénkē 名 ＿＿＿＿
3 理科 lǐkē 名 ＿＿＿＿
4 语文 yǔwén 名 ＿＿＿＿
5 历史 lìshǐ 名 ＿＿＿＿
6 准备 zhǔnbèi 動 ＿＿＿＿
7 考 kǎo 動 ＿＿＿＿
8 介绍 jièshào 動 ＿＿＿＿
9 差不多 chàbuduō 形 ＿＿＿＿
10 比 bǐ 前置 ＿＿＿＿

第17课

文法41 比較文

1）「比」を用いた比較文

前置詞「比 bǐ」を用いる比較文で、二つの物事の性質や特徴などを比べる。構文は、「A比B…」で、日本語に訳すと、「AはBより…である」となる。否定の場合は「比」の前に「不」を置く。

（1）他比我个子高。 Tā bǐ wǒ gèzi gāo.（彼は私より背が高い。）

（2）这个比那个贵一千日元。 Zhège bǐ nàge guì yìqiān rìyuán.（これはそれより千円高い。）

（3）今天比昨天冷一点儿。 Jīntiān bǐ zuótiān lěng yìdiǎnr.（今日は昨日より少し寒い。）

（4）中国比日本大得多。 Zhōngguó bǐ Rìběn dà de duō.（中国は日本よりずっと大きい。）

（5）这个房间不比那个房间大。 Zhège fángjiān bù bǐ nàge fángjiān dà.
（この部屋はその部屋より大きくありません。）

2）「有／没有」を用いた比較文

動詞「有」を用いる比較文で、比較した結果、AがBの程度まで達していることを表す。構文は「A有B…」で、日本語に訳すと、「AはBぐらい…である」となる。否定形は、「A没有B…」で、「AはBほど…ではない」となる。

（6）你的屋子有他的屋子大吗？ Nǐ de wūzi yǒu tā de wūzi dà ma?
（あなたの部屋は彼の部屋ぐらい大きいですか。）

（7）我的车没有他的车新。 Wǒ de chē méiyǒu tā de chē xīn.
（私の車は彼の車ほど新しくありません。）

3）「跟…一样」／「跟…差不多」を用いた比較文

「A跟B一样」は、二つの物事を比較し、その結果が類似していることを表す。日本語に訳すと、「AはBと同じだ」となる。その否定形は「跟…不一样」と「不跟…一样」との二種類がある。

（8）她的书包跟我的一样。 Tā de shūbāo gēn wǒ de yíyàng.（彼女のカバンは私のと同じです。）

（9）中国人的习惯跟日本人不一样。 Zhōngguórén de xíguàn gēn Rìběnrén bù yíyàng.
（中国人の習慣は日本人と同じではありません。）

（10）我的做法不跟他一样。 Wǒ de zuòfǎ bù gēn tā yíyàng.（私のやり方は彼と違います。）

「A跟B差不多」は二つの物事を比較し、その結果に大差ないことを表す。日本語に訳すと、「AはBとほとんど同じ」となる。この文型に否定形はない。

(11) 他的水平跟你差不多。 Tā de shuǐpíng gēn nǐ chàbuduō.

(彼のレベルはあなたとほとんど同じです。)

(12) 我的想法跟你差不多。 Wǒ de xiǎngfǎ gēn nǐ chàbuduō.

(私の考え方はあなたとほとんど同じです。)

文法42 助動詞（2）：会・能・可以

会 huì 何らかの技術を習得してできることを表し、日本語に訳すと、「…することができる」となる。否定の場合は「不会」を用いる。

(13) 他会骑摩托车，也会开汽车。 Tā huì qí mótuōchē, yě huì kāi qìchē.

(彼はバイクに乗ることができ、自動車を運転することもできます。)

(14) 你会不会打棒球? Nǐ huì bu huì dǎ bàngqiú ?

(あなたは野球をすることができますか。)

(15) 你会用电脑吗? 不会。 Nǐ huì yòng diànnǎo ma ? Bú huì.

(あなたはパソコンを使うことができますか。 できません。)

「会」は可能性を表すこともでき、日本語に訳すと、「…するだろう」となる。否定の場合には、「不会」を用いる。

(16) 他一定会来的。 Tā yídìng huì lái de. (彼はきっと来るでしょう。)

(17) 今天不会下雨吧。 Jīntiān bú huì xià yǔ ba? (今日は雨が降らないでしょう。)

能 néng 能力があることを表し、日本語に訳すと、「…できる」となる。否定の場合は、一般に「不能」を用いる。

(18) 我一次能游二百米。 Wǒ yí cì néng yóu èr bǎi mǐ. (私は一度に200メートル泳げます。)

(19) 你能喝烧酒吗? 太厉害了，不能喝。 Nǐ néng hē shāojiǔ ma? Tài lìhai le, bù néng hē.

(あなたは焼酎を飲めますか？ きつすぎるから、飲めません。)

可以 kěyǐ 条件が満たされて可能であることを表し、日本語に訳すと、「…できる」となる。否定には「不能」を用いる。

(20) 我有时间，可以教你做日本菜。 Wǒ yǒu shíjiān, kěyǐ jiāo nǐ zuò rìběncài.

(私は時間があるので、あなたに日本料理の作り方を教えることができます。)

(21) 我现在有事情，不能帮你的忙。 Wǒ xiànzài yǒu shìqing, bù néng bāng nǐ de máng.

(私はいま用事があるので、あなたを手伝えません。)

また、「可以」は許可を表すこともでき、日本語に訳すと、「…してもよい」となる。否定には「不可以」を用いる。

(22) 我可以进去吗? 可以。 Wǒ kěyǐ jìnqu ma ? Bù kěyǐ.

(私は中に入ってもよいですか。 いいですよ。)

(23) 教室里可以吃东西吗? 不可以。 Jiàoshì li kěyǐ chī dōngxi ma? Bù kěyǐ.

(教室でものを食べてもいいですか。 いけません。)

〈文法〉の新出単語

1 习惯 xíguàn 名 ________________
2 做法 zuòfǎ 名 ________________
3 水平 shuǐpíng 名 ________________
4 摩托车 mótuōchē 名 ________________
5 烧酒 shāojiǔ 名 ________________
6 东西 dōngxi 名 ________________
7 游 yóu 動 ________________
8 帮忙 bāngmáng 動 ________________
9 进去 jìnqu 動 ________________
10 厉害 lìhai 形 ________________
11 一点儿 yìdiǎnr 数 ________________
12 …得多 de duō 句 ________________

練　習

（〈練習〉の新出単語　☞ p115）

1）次のピンインを漢字に改めて、日本語に訳しなさい。

① Wǒ de zuòfǎ gēn tā bù yíyàng.

________________ 訳：________________

② Tā dìdi zhèng zhǔnbèi kǎo dàxué ne.

________________ 訳：________________

③ Wǒ de chē gēn tā de chē yíyàng.

________________ 訳：________________

④ Nǐ huì yóuyǒng ma?

________________ 訳：________________

⑤ Mèimei bǐ wǒ xiǎo liǎng suì.

________________ 訳：________________

2）次の中国語を日本語に訳しなさい。

① 我哥哥没有我高，但是比我胖。 Wǒ gēge méiyǒu wǒ gāo, dànshì bǐ wǒ pàng.

____

② 北京的冬天不能滑雪。 Běijīng de dōngtiān bù néng huáxuě.

____

③ 这件衣服跟那件一样长。 Zhè jiàn yīfu gēn nà jiàn yíyàng cháng.

____

④ 我可以教你包饺子。 Wǒ kěyǐ jiāo nǐ bāo jiǎozi.

____

⑤ 你的想法跟他差不多。 Nǐ de xiǎngfǎ gēn tā chàbuduō.

____

3）次の日本語を中国語に訳しなさい。

① あなたはスキーができますか。　できません。

____

② ここではたばこを吸ってはいけません。

____

③ 今日は昨日より暑い。

____

④ この腕時計はそれより二万円高い。

____

⑤ あなたは英語を話せますか。

____

4）友達と、次の会話を練習しなさい。

① A：你有哥哥（姐姐 / 弟弟 / 妹妹）吗?

B：有，他比我大（小）________岁。

② A：你哥哥比你大几岁?

B：________________________。

③ A：这本词典比那本词典贵吗?

B：________________________。

④ A：你的书包跟他的一样吗?

B：________________________。

⑤ A：你会开汽车吗?

B：________________________。

⑥ A：你能喝日本的酱汤吗?

B：________________________。

⑦ A：我可以用你的词典吗?

B：________________________。

〈練習〉の新出単語

1 手表 shǒubiǎo 名 腕時計
2 滑雪 huáxuě 動 スキーをする
3 胖 pàng 形 太っている
4 长 cháng 形 長い
5 抽烟 chōu yān 句 タバコを吸う

長江三峡の風景（著者　撮影）

你知道吗？ Nǐ zhīdao ma?

中国語の場合、「きょろきょろ」を「东张西望 dōng zhāng xī wàng（東を眺め西を望む）」のように説明的に表現するため、擬態語は豊富ではありません。しかし、擬音語は多く見られます。次の言葉は何の音かわかりますか。すべて動物の鳴き声です。

1）汪汪 wāngwāng　　2）喵喵 miāomiāo
3）啾啾 jiūjiū　　4）哞哞 mōumōu
5）喔喔 wōwō　　6）嘎嘎 gāgā

中日漢字の違い（中－日）

准－準　备－備　绍－紹　惯－慣　烧－焼　害－害

第18课 请把碗筷放好
Qǐng bǎ wǎnkuài fàng hǎo

（田中さんが李さんの寮を訪ねました）

053

Xiǎo Lǐ, nǐ zài zuò fàn ma?
田　中：小李，你在做饭吗？

Shì de, nǐ yě lái chángchang ba.
李英华：是的，你也来尝尝吧。

Xièxie. Xūyào wǒ bāngmáng ma?
田　中：谢谢。需要我帮忙吗？

Qǐng bǎ qīngjiāo qiē yíxià.
李英华：请把青椒切一下。

Hǎo. Háiyǒu bié de shìqing ma?
田　中：好。（「青椒」を切り終わって）还有别的事情吗？

Qǐng bǎ wǎnkuài fàng hǎo. Wǒ de cài yě zuò hǎo le, chī fàn ba.
李英华：请把碗筷放好。…我的菜也做好了，吃饭吧。

Mápó dòufu, qīngjiāo ròusī, zhèige jiào shénme?
田　中：（料理を見て）麻婆豆腐、青椒肉丝，这个叫什么？

Zhè jiào xīhóngshì chǎo jīdàn shì yí dào hěn róngyì zuò de jiāchángcài.
李英华：这叫西红柿炒鸡蛋，是一道很容易做的家常菜。

Zhēnshi tài hǎochī le. Wǒ yě xiǎng xué zuò zhōngguócài.
田　中：（食べ終わって）真是太好吃了。我也想学做中国菜。

Hǎo de, xià cì yídìng jiāo nǐ.
李英华：好的，下次一定教你。

054

〈本文〉の新出単語

1 碗筷 wǎnkuài 名 ________
2 青椒肉丝 qīngjiāo ròusī 名 ________
3 西红柿炒鸡蛋 xīhóngshì chǎo jīdàn 名 ________
4 家常菜 jiāchángcài 名 ________
5 需要 xūyào 動 ________
6 切 qiē 動 ________
7 放 fàng 動 ________
8 容易 róngyì 形 ________
9 道 dào 量 ________
10 真是 zhēnshì 副 ________

文法43 「把」の構文

「把」の構文は、前置詞「把 bǎ」を用い、ある特定の物事に対して積極的な処置をすることを表す。

(限定語)＋主語＋把＋名詞＋述語動詞＋他の成分

日本語に訳すと、「(主語) は (名詞) を (述語動詞) する」となる。

(1) 我把这件事情告诉同学们了。 Wǒ bǎ zhè jiàn shìqing gàosu tóngxuémen le.
(私はこのことを同級生たちに言いました。)

(2) 他把水都喝了。 Tā bǎ shuǐ dōu hē le. (彼は水を全部飲みました。)

(3) 请把我的本子拿过来。 Qǐng bǎ wǒ de běnzi náguolai.
(私のノートを持ってきてください。)

「把」の構文を使用するとき、以下の点に注意する必要がある。

1)「把」の構文の述語動詞は、それ単独では用いられず、動詞の前後に修飾語や目的語・補語あるいは助詞の「了」や「着」など、何からの成分がつく必要がある。

(4) *他把作业做。
[他把作业做完了。 Tā bǎ zuòyè zuò wánle. (彼は宿題を全部し終わりました。)]

2)「把」によって述語動詞の前に出される名詞は、話の場や文脈からそれとわかる特定のものでなければならない。

(5) 我把那台电脑卖了。 Wǒ bǎ nèi tái diànnǎo màile. (私はそのパソコンを売りました。)
*我把一台电脑卖了。
[我卖了一台电脑。 Wǒ màile yì tái diànnǎo. (私は一台のパソコンを売りました。)]

3) 否定の場合、否定副詞「不、没有、没」を用い、「把」の前に置く。

(6) 今天你不把作业做完不行。 Jīntiān nǐ bù bǎ zuòyè zuò wán bù xíng.
(今日あなたは宿題をし終わらなければなりません。)

(7) 我没把你的电话告诉别人。 Wǒ méi bǎ nǐ de diànhuà gàosu biéren.
(私はあなたの電話番号を他人に教えていません。)

文法44 結果補語

補語とは、述語の後に置いて、動詞や形容詞などの述語を補足説明する成分である。中国語の補語は、意味によって、結果補語、様態補語（☞ p124）、方向補語（☞ p129）、可能補語（☞ p130）、動量補語（☞ p135）、時量補語（☞ p135）などに分類される。

結果補語とは、述語動詞が原因となって引き起された結果を表す補語である。

（8）你们听懂了吗？ Nǐmen tīng dǒngle ma?（あなたたちは聞き取れましたか。）

（9）信写完了就去邮局。 Xìn xiě wánle jiù qù yóujú.

（手紙を書き終わったら郵便局に行きます。）

（10）请坐好，现在开始上课。 Qǐng zuò hǎo, xiànzài kāishǐ shàngkè.

（きちんと座って下さい、今から授業を始めます。）

（11）早上我坐错车了。 Zǎoshang wǒ zuò cuò chē le.（朝、私は電車を乗り間違えました。）

文法45 命令文

命令文とは、他人に「…せよ」、あるいは「…するな」と命令する表現で、公共の場所のポスターや部隊での号令、上から下への命令などに多く見られる。命令文は語気をとても強く表現する。

（12）快点儿。 Kuài diǎnr.（急げ。）

（13）把药吃了。 Bǎ yào chīle.（薬を飲んで。）

（14）不要吸烟。 Bú yào xī yān.（禁煙。）

（15）禁止入内。 Jìnzhǐ rù nèi.（立入り禁止。）

文頭に「请 qǐng」を付けると、「…してください」という意味を含み、語気は和らぐ。

（16）请快点儿。 Qǐng kuài diǎnr.（急いでください。）

（17）请把药吃了。 Qǐng bǎ yào chīle.（薬を飲んでください。）

（18）请不要吸烟。 Qǐng bú yào xī yān.（タバコを吸わないでください。）

（19）请勿入内。 Qǐng wù rù nèi.（中に入らないでください。）

中国の切手（1997-16）「黄山」

文法46 感嘆文

感嘆文とは、文末に語気助詞「啊 a」とその変化形の「呀 ya」「哪 na」「哇 wa」などを用い、感情の高揚を表す。感嘆文の述語が名詞の場合、名詞の前に「真是 zhēn shì」や形容詞「好」などをよく使い、形容詞である場合には、その前に「真 zhēn」「真是 zhēnshì」「太 tài」「多 duō」などの程度副詞を使うのが普通である。

文末に語気助詞「啊」「呀」「哪」「哇」のどれを用いるかは、直前の語の韻母·韻尾によって異なり、原則として下記の法則に従う。

前の音節の韻母・韻尾	変　音	書き方
i　ü　a　e	a　ia	啊、呀
u　ou　ao	wa	哇
-n	na	哪
-ng	nga	啊

(20) 这孩子真聪明啊。 Zhè háizi zhēn cōngming a.（この子は本当に賢いですね。）

(21) 这张照片好漂亮啊。 Zhè zhāng zhàopiàn hǎo piàoliang a.
（この写真は本当にきれいですね。）

(22) 他真是好人哪。 Tā zhēn shì hǎo rén na.（彼は本当にいい人だ。）

(23) 景色多美呀。 Jǐngsè duō měi ya.（なんて美しい景色だろう。）

(24) 今天的天气真好哇。 Jīntiān de tiānqì zhēn hǎo wa.（今日の天気はとてもすばらしい。）

〈文法〉の新出単語

1 同学 tóngxué 名 ＿＿＿＿＿＿
2 本子 běnzi 名 ＿＿＿＿＿＿
3 孩子 háizi 名 ＿＿＿＿＿＿
4 景色 jǐngsè 名 ＿＿＿＿＿＿
5 照片 zhàopiàn 名 ＿＿＿＿＿＿
6 别人 biéren 代 ＿＿＿＿＿＿
7 卖 mài 動 ＿＿＿＿＿＿
8 完 wán 動 ＿＿＿＿＿＿
9 错 cuò 形 ＿＿＿＿＿＿
10 聪明 cōngming 形 ＿＿＿＿＿＿
11 美 měi 形 ＿＿＿＿＿＿
12 不行 bù xíng 句 ＿＿＿＿＿＿
13 禁止入内 jìnzhǐ rù nèi 句 ＿＿＿＿＿＿
14 请勿入内 qǐng wù rù nèi 句 ＿＿＿＿＿＿

練　習　（〈練習〉の新出単語　☞ p121）

1）次のピンインを漢字に改めて、日本語に訳しなさい。

① Nǐ bǎ kāfēi hē le ba.

________________ 訳：________________

② Qǐng bǎ wǎnkuài fàng hǎo.

________________ 訳：________________

③ Zhēnshì tài hǎochī le.

________________ 訳：________________

④ Wǒ zuò de cài zěnmeyàng?

________________ 訳：________________

⑤ Zhè ge cài jiào mápó dòufu.

________________ 訳：________________

2）次の中国語を日本語に訳しなさい。

① 西红柿炒鸡蛋是中国的家常菜。 Xīhóngshì chǎo jīdàn shì Zhōngguó de jiāchángcài.

____

② 你把屋子收拾一下。 Nǐ bǎ wūzi shōushi yíxià.

____

③ 请把衣服洗了。 Qǐng bǎ yīfu xǐ le.

____

④ 这幅画真漂亮啊。 Zhè fú huà zhēn piàoliang a.

____

⑤ 我把窗户打开，可以吗？ Wǒ bǎ chuānghu dǎkāi, kěyǐ ma?

____

3）次の日本語を中国語に訳しなさい。

① ドアを閉めてください。

② 彼はビールを全部飲んでしまいました。

③ これはお寿司、それは刺身、あれは何ですか。

④ 本を机の上に置いてください。

⑤ あなたの電話番号を彼に言ってもよろしいですか。

4）次のテーマで、友達と会話をしなさい。

喜欢吃的中国菜和日本菜

5）日本語の意味に合うように、中国語の単語を並べ替えて正しい文を作りなさい。

① 筷子　请　过来　把　拿（お箸を持ってきてください。）

② 把　他　没有　啤酒　喝完（彼はビールを飲み終わっていません。）

③ 学好了　把　去　汉语　再　中国

（中国語をマスターした後、中国に行きます。）

〈練習〉の新出単語

1 窗户 chuānghu [名] 窓

2 画 huà [名] 絵

3 啤酒 píjiǔ [名] ビール

4 寿司 shòusī [名] 寿司

5 筷子 kuàizi [名] 箸

6 关上 guānshang [動] 閉める

7 收拾 shōushi [動] かたづける；整理する

8 幅 fú [量]（書画などを数える単位）…枚の

中日漢字の違い（中－日）

切－切　卖－売　错－錯　聪－聡

第19课 Lǎoshī ràng wǒmen xiě yánjiū bàogào 老师 让 我们 写 研究 报告

（授業が終了して）

055

Xià ge xīngqī jiù kāishǐ kǎoshì le.
田 中：下 个 星期 就 开始 考试 了。

Shì a, zhège xuénián hěn kuài jiù wán le. Nǐ de kǎoshì duō ma?
李英华：是 啊，这个 学年 很 快 就 完 了。你 的 考试 多 吗？

Bú tài duō, qízhōng Zhōngguó Gàikuàng de kè bù kǎoshì, lǎoshī ràng
田 中：不 太 多，其中“中国 概况”的 课 不 考试，老师 让

wǒmen xiě yánjiū bàogào.
我们 写 研究 报告。

Nǐ dǎsuàn xiě shénme?
李英华：你 打算 写 什么？

Wǒ xiǎng yánjiū Zhōngguó de dúshēng zǐnǚ zhèngcè wèntí. XiǎoLǐ,
田 中：我 想 研究 中国 的 独生 子女 政策 问题。小李，

nǐ rènwéi Zhōngguó yǒu bìyào shíxíng zhège zhèngcè ma?
你 认为 中国 有 必要 实行 这个 政策 吗？

Wǒ juéde yǒu bìyào. Xīn Zhōngguó chénglì yǐlái, rénkǒu zēngzhǎng de
李英华：我 觉得 有 必要。新 中国 成立 以来，人口 增长 得

hěn kuài. Rúguǒ bù shíxíng dúshēng zǐnǚ zhèngcè, Zhōngguó xiànzài de
很 快。如果 不 实行 独生 子女 政策，中国 现在 的

rénkǒu dàgài jiù bú shì shísān yì, érshì shíwǔ-liù yì le.
人口 大概 就 不 是 十三 亿，而是 十五六 亿 了。

056

〈本文〉の新出単語

1 考试 kǎoshì 名 ＿＿＿＿

2 学年 xuénián 名 ＿＿＿＿

3 必要 bìyào 名 ＿＿＿＿

4 独生子女 dúshēngzǐnǚ 名 ＿＿＿＿

5 政策 zhèngcè 名 ＿＿＿＿

6 研究报告 yánjiū bàogào 名 ＿＿＿＿

7 中国概况 Zhōngguó Gàikuàng 名 ＿＿＿＿

8 以来 yǐlái 名 ＿＿＿＿

9 实行 shíxíng 動 ＿＿＿＿

10 成立 chénglì 動 ＿＿＿＿

11 增长 zēngzhǎng 動 ＿＿＿＿

12 认为 rènwéi 動 ＿＿＿＿

13 大概 dàgài 副 ＿＿＿＿

文法47 兼語文

兼語文とは、一つの文に述語が二つある動詞述語文で、前の動詞（述語$_1$）の目的語が後の動詞（述語$_2$）の主語を兼ねる文型である。

主語＋述語$_1$＋兼語（目的語・主語）＋述語$_2$＋目的語

日本語に訳すと、「（主語）は（兼語）に、（目的語）を（述語$_2$）するように（述語$_1$）する」となる。述語$_1$は、多くは使役・要求の意味を持つ動詞である。否定形は述語$_1$の前に「不、没有、没」などを用いる。

主語	述語$_1$	兼語（目的語）（主語）	述語$_2$	目的語
老师	叫	我（我）	（认真）学习	
爸爸	让	妈妈（妈妈）	买	酒
大夫	要	他（他）	（马上）吃	药
我	请	他（他）	吃	饭
老师	不让	他（他）	回答	问题
（昨天）妈妈	没让	我（我）	看	电视

（1）老师叫我认真学习。 Lǎoshī jiào wǒ rènzhēn xuéxí.（先生は私に真剣に勉強させます。）

（2）爸爸让妈妈买酒。 Bàba ràng māma mǎi jiǔ.（お父さんはお母さんに酒を買わせます。）

（3）大夫要他马上吃药。 Dàifu yào tā mǎshàng chī yào.
（お医者さんは彼にすぐ薬を飲むように要求しました。）

（4）我请他吃饭。 Wǒ qǐng tā chī fàn.（私は彼を食事に招待します。）

（5）老师不让他回答问题。 Lǎoshī bú ràng tā huídá wèntí.
（先生は彼に質問に答えさせません。）

（6）昨天妈妈没让我看电视。 Zuótiān māma méi ràng wǒ kàn diànshì.
（昨日、母は私にテレビを見せませんでした。）

文法48 様態補語と助詞「得」

様態補語とは、習慣的な行動やすでに結果の出ている行為などの状態について、その程度や様子を説明する補語である。「程度補語・状態補語」と言うこともある。ふつう述語動詞と様態補語の間に助詞「得 de」を用いる。動詞が目的語をとる場合には、基本的に動詞をくりかえすが、前の動詞を省略することもできる。補語が形容詞である場合、程度副詞を「得」の後に置く。

（7）你来得太晚了。 Nǐ lái de tài wǎn le.（あなたは来るのが遅すぎました。）

（8）她长得很漂亮。 Tā zhǎng de hěn piàoliang.（彼女はとても美しい。）

（9）她把衣服洗得干干净净的。 Tā bǎ yīfu xǐ de gāngan-jìngjìng de.
（彼女は衣服をとてもきれいに洗います。）

（10）他说汉语说得很好。 Tā shuō Hànyǔ shuō de hěn hǎo.
（彼は中国語を話すのがとても上手です。）

（11）她唱歌唱得不太好。 Tā chàng gē chàng de bú tài hǎo.
（彼女は歌を歌うのがあまり上手ではありません。）

（12）他菜做得很好吃。 Tā cài zuò de hěn hǎochī.（彼の作った料理はとてもおいしい。）

文法49 概数の表現

概数を表現する場合には、数字の前後に「およそ」の意味をもつ単語をつける。

概数	意　味	用　　例		
…多	…あまり	一个多月	yí ge duō yuè	（一ヶ月あまり）
		一百多个	yìbǎi duō ge	（百数個）
		三个多小时	sān ge duō xiǎoshí	（三時間あまり）
…来	…くらい …ほど	三十来个	sānshí lái ge	（三十個ぐらい）
		五十来年	wǔshí lái nián	（五十年ほど）
		十来天	shí lái tiān	（十日間ぐらい）
…左右	…前後 …ほど	二十岁左右	èrshí suì zuǒyòu	（二十歳前後）
		三公斤左右	sān gōngjīn zuǒyòu	（三キロぐらい）
		一年左右	yì nián zuǒyòu	（一年ほど）
…几	…あまり	十几个	shí jǐ ge	（十数個）
		二十几岁	èrshí jǐ suì	（二十数歳）
几…	数…／何…	几天	jǐ tiān	（数日間）
		几十个	jǐ shí ge	（何十個）

〈文法〉の新出単語

1 大夫 dàifu 名 ____________
2 歌 gē 名 ____________
3 酒 jiǔ 名 ____________
4 叫 jiào 動 ____________
5 要 yào 動 ____________
6 请 qǐng 動 ____________
7 唱 chàng 動 ____________
8 长 zhǎng 動 ____________
9 干干净净 gāngan-jìngjìng 形 ____________
10 马上 mǎshàng 副 ____________
11 …多 duō 数 ____________
12 …来 lái 数 ____________
13 …几 jǐ 数 ____________
14 几… jǐ 数 ____________

練習

(〈練習〉の新出単語 ☞ p127)

1）次のピンインを漢字に改めて、日本語に訳しなさい。

① Lǎoshī ràng wǒmen xiě yánjiū bàogào.

____________ 訳：____________

② Tā chàng gē chàng de hěn hǎo.

____________ 訳：____________

③ Nǐ dǎsuàn xiě shénme?

____________ 訳：____________

④ Xīn Zhōngguó chénglì yǐlái, rénkǒu zēngzhǎng de hěn kuài.

____________ 訳：____________

⑤ Māma yào tā kuài diǎnr chī fàn.

____________ 訳：____________

2）次の中国語を日本語に訳しなさい。

① 昨天雨下得很大。 Zuótiān yǔ xià de hěn dà.

____

② 老师让我告诉同学们明天有考试。 Lǎoshī ràng wǒ gàosu tóngxuémen míngtiān yǒu kǎoshì.

____

③ 她今天打扮得漂漂亮亮的。 Tā jīntiān dǎbàn de piàopiao-liāngliāng de.

____

④ 这几年，他的体重增加了十几公斤。 Zhè jǐ nián, tā de tǐzhòng zēngjiāle shí jǐ gōngjīn.

____

⑤ 他汉字写得很好。 Tā Hànzì xiě de hěn hǎo.

____

3）次の日本語を中国語に訳しなさい。

① 私は今日食べすぎました。

____

② 彼は自分の服をきれいに洗いました。

____

③ 中国は80年代から一人っ子政策をはじめました。

____

④ 教室に20数人います。

____

⑤ 酒を飲み終わってから、ご飯を食べます。

____

4）日本語の意味に合うように、中国語の単語を並べ替えて正しい文を作りなさい。

① 八亿五千万　新中国　左右　以来　人口　成立　增加了

（新中国が樹立した後、人口は８億５千万人増加しました。）

____

② 我　实行　有　政策　这个　必要　认为

（私はこの政策を実行する必要があると思います。）

____

③ 他　唱得　很　唱　歌　好

（彼は歌を歌うのがとても上手です。）

____

5）本文の内容をまとめて、150字程度の文章を作りなさい。

…………………………………………………………………………

…………………………………………………………………………

…………………………………………………………………………

…………………………………………………………………………

…………………………………………………………………………

…………………………………………………………………………

…………………………………………………………………………

…………………………………………………………………………

…………………………………………………………………………

…………………………………………………………………………

〈練習〉の新出単語

1 年代 niándài [名] 年代

2 体重 tǐzhòng [名] 体重

3 打扮 dǎbàn [動] 装う；着飾る

4 增加 zēngjiā [動] 増加する

5 公斤 gōngjīn [量] キログラム

中日漢字の違い（中－日）

实－実　际－際　况－況　增－増　叫－叫　长－長

第20课 我被自行车撞了

Wǒ bèi zìxíngchē zhuàng le

057

Tiánzhōng, nǐ de tuǐ zěnme le?
李英华：田中，你的腿怎么了？

Hài, zuótiān bèi zìxíngchē zhuàng le.
田　中：咳，昨天被自行车撞了。

Zěnme huíshìr?
李英华：怎么回事儿？

Zuótiān wǒ qù zhǎo gōngzuò, yìbiān zǒulù yìbiān kàn guǎnggào. Tūrán duìmiàn qí guolai yí liàng zìxíngchē, qí de hěn kuài, wǒ méi zhùyì, jiù bèi zhuàng le.
田　中：昨天我去找工作，一边走路一边看广告。突然对面骑过来一辆自行车，骑得很快，我没注意，就被撞了。

Shāng de zhòng bu zhòng?
李英华：伤得重不重？

Dāngshí bǐjiào lìhai, wǒ dōu zǒu bu liǎo lù le.
田　中：当时比较厉害，我都走不了路了。

Nà nǐ hái qù de liǎo xuéxiào ma?
李英华：那你还去得了学校吗？

Qù xuéxiào yīnggāi méi wèntí.
田　中：去学校应该没问题。

058

〈本文〉の新出単語

1 腿 tuǐ 名 ＿＿＿＿
2 广告 guǎnggào 名 ＿＿＿＿
3 对面 duìmiàn 名 ＿＿＿＿
4 找 zhǎo 動 ＿＿＿＿
5 撞 zhuàng 動 ＿＿＿＿
6 伤 shāng 動 ＿＿＿＿
7 重 zhòng 形 ＿＿＿＿
8 怎么 zěnme 代 ＿＿＿＿
9 突然 tūrán 副 ＿＿＿＿
10 比较 bǐjiào 副 ＿＿＿＿
11 被 bèi 前置 ＿＿＿＿
12 咳 hài 語 ＿＿＿＿
13 怎么回事儿 zěnme huíshìr 句 ＿＿＿＿

文法50 受身文

受身文とは、文の主語が動作行為の受け手になる文型である。

（限定語）＋主語＋前置詞＋名詞（行為者）＋述語動詞＋他の成分

日本語に訳すと、「（主語）は（名詞）に（述語動詞）られる」となる。この文型の前置詞は常に「被 bèi」「叫 jiào」「让 ràng」などを用いる。また、「把」の構文と同様に動詞述語の後に何らかの補充成分を加える必要がある。否定文の場合、「被」などの前置詞の前に「不、没有、没」などを置く。

（1）我的车被他借走了。 Wǒ de chē bèi tā jiè zǒule.
（私の車は彼に借りていかれました。）

（2）杯子里的水叫弟弟喝了。 Bēizi li de shuǐ jiào dìdi hēle.
（コップの中の水は弟に飲まれました。）

（3）他昨天让老师批评了。 Tā zuótiān ràng lǎoshī pīpíng le.（彼は昨日先生に叱られました。）

（4）他有一年没被老师表扬了。 Tā yǒu yì nián méi bèi lǎoshī biǎoyángle.
（彼は一年ほど先生に褒められていません。）

なお、「被」は動作の主体がはっきりする場合、その主体を省略することができる。

（5）他被（大家）称作活菩萨。 Tā bèi (dàjiā) chēngzuò huópúsa.
（彼は｛みんなに｝生き仏と呼ばれています。）

（6）纸被（风）吹走了。 Zhǐ bèi (fēng) chuī zǒule.（紙は｛風に｝吹き飛ばされた。）

（7）电脑没被（人）弄坏。 Diànnǎo méi bèi (rén) nòng huài.
（パソコンは｛人に｝壊されていません。）

文法51 方向補語

1）単純方向補語 動作の向かう方向を示すもので、述語動詞の後に「来 lái」か「去 qù」を補語として用いる。動作が、話し手あるいは話題になっている事物の方向に向かってくる場合には「来」を、反対の場合には「去」を用いる。

述語動詞が目的語をとる場合、その目的語は述語と補語の間に置く。

（8）他们往这里走来了。 Tāmen wǎng zhèli zǒu lai le.
（彼らはここに向かって歩いてきました。）

（9）李老师往教室方向走去了。 Lǐ lǎoshī wǎng jiàoshì fāngxiàng zǒu qu le.

（李先生は教室方面に歩いていきました。）

（10）他把自行车搬到屋子里来了。 Tā bǎ zìxíngchē bān dào wūzi li lái le.

（彼は自転車を部屋の中に運んできました。）

2）複合方向補語 動作の方向を表す動詞の後に単純方向補語の「来 / 去」を加えて表す補語である。動詞には「上 shàng（上がる）、下 xià（下がる）、进 jìn（入る）、出 chū（出る）、回 huí（戻る）、过 guò（渡る／通る）、起 qǐ（起き上がる）」などを用いる。複合方向補語として用いる時は軽声となる。複合方向補語を整理すると、次の表のようになる。

	上	下	进	出	回	过	起
来	上来	下来	进来	出来	回来	过来	起来
去	上去	下去	进去	出去	回去	过去	

述語動詞が目的語をとる場合、その目的語は必ず「上、下」などの動詞と「来 / 去」の間に置く。

（11）他买回电脑来了。 Tā mǎi huí diànnǎo lái le.（彼はパソコンを買って帰ってきました。）

（12）汽车不能开进公园里去。 Qìchē bù néng kāi jin gōngyuán li qù.

（車は公園の中に入っていけません。）

文法52 可能補語

可能補語とは、動作の実現の可能性を表す補語である。述語と可能補語の間には必ず、助詞「得 de」か副詞「不 bu」を入れる。「得」は動作が可能であることを示し、「不」は動作が不可能であることを示す。

得	不
看得完 kàn de wán	看不完 kǎn bu wán
学得会 xué de huì	学不会 xué bu huì
拿得动 ná de dòng	拿不动 ná bu dòng
买得到 mǎi de dào	买不到 mǎi bu dào
说得好 shuō de hǎo	说不好 shuō bu hǎo

（13）这种纸在哪儿都买得到。 Zhè zhǒng zhǐ zài nǎr dōu mǎi de dào.

（この紙はどこででも買えます。）

（14）这么重的东西，我拿不动。 Zhème zhòng de dōngxi, wǒ ná bu dòng.

（こんなに重いものは、私には持てません。）

注意 「…得了」「…不了」という可能補語は、動作が完成しきれるかどうか、または動作が実現するかどうか、の二つの意味を表す。

〈文法〉の新出単語

1 杯子 bēizi 名 ____
2 纸 zhǐ 名 ____
3 风 fēng 名 ____
4 方向 fāngxiàng 名 ____
5 活菩萨 huópúsa 名 ____
6 批评 pīpíng 動 ____
7 表扬 biǎoyáng 動 ____
8 借 jiè 動 ____
9 称作 chēngzuò 動 ____
10 吹 chuī 動 ____
11 弄坏 nònghuài 動 ____
12 搬 bān 動 ____

練 習

(〈練習〉の新出単語 ☞ p133)

1）次のピンインを漢字に改めて、日本語に訳しなさい。

① Wǒ de cídiǎn bèi tā jiè zǒu le.

____ 訳：____

② Bēizi li de chá jiào tā hē wán le.

____ 訳：____

③ Lǎoshī wǎng túshūguǎn fāngxiàng zǒu qu le.

____ 訳：____

④ Zìxíngchē bù néng qí jin gōngyuán li qù.

____ 訳：____

⑤ Duìmiàn kāi guolai yí liàng qìchē.

____ 訳：____

2）次の中国語を日本語に訳しなさい。

① 我的手机被他弄坏了。 Wǒ de shǒujī bèi tā nònghuài le.

____

② 我可以进去吗？　可以，请进来。 Wǒ kěyǐ jìnqu ma?　Kěyǐ, qǐng jìnlai.

____

③ 你一个人吃得了这盘菜吗？ Nǐ yí ge rén chī de liǎo zhè pán cài ma?

____

④ 把椅子搬回教室去。 Bǎ yǐzi bān hui jiàoshì qù.

____

⑤ 火被风吹灭了。 Huǒ bèi fēng chuī miè le.

____

3）次の日本語を中国語に訳しなさい。

① 李さんは昨日先生に褒められました。

② 私の財布は盗まれました。

③ 傘を部屋の中に持って入ってもいいですか。

④ 私の自転車は彼に乗っていかれました。

⑤ 私は一人ではこんなにたくさんの料理を食べきれません。

4）日本語の意味に合うように、中国語の単語を並べ替えて正しい文を作りなさい。

① 不　音乐　听　骑　可以　自行车　一边　一边

（音楽を聞きながら自転車に乗ってはいけません。）

② 骑过来　我　自行车　没　对面　看见　的

（私は向こうから来た自転車に気付きませんでした。）

③ 拿到　请　去　把　屋子里　东西　自己的　自己的

（自分の物を自分の部屋に持っていってください。）

5）本文の内容をまとめて、150字程度の文章を作りなさい。

....

....

....

....

....

....

....

....

....

....

〈練習〉の新出単語

1 钱包 qiánbāo 名 財布
2 椅子 yǐzi 名 椅子
3 伞 sǎn 名 傘
4 偷 tōu 動 盗む
5 吹灭 chuīmiè 動 吹き消す

中日漢字の違い（中－日）

伤－傷　突－突　较－較　须－須　评－評　扬－揚

第21课 Wǒ shuìle shí jǐ ge xiǎoshí 我睡了十几个小时

（田中さんが李さんの寮を訪ねて、ドアをノックしながら。）

059

Xiǎo Lǐ, qǐchuáng le ma?
田　中：小李，起床 了 吗？

Gāng qǐlai.
李英华：（ドアを開けて）刚 起来。

Zěnme qǐ de zhème wǎn?
田　中：怎么 起 得 这么 晚？

Zuìjìn mángzhe kǎoshì, zuótiān kǎo wán le, jiù duō shuìle yíhuìr.
李英华：最近 忙着 考试，昨天 考 完 了，就 多 睡了 一会儿。

Nǐ shuìle duōcháng shíjiān le?
田　中：你 睡了 多长 时间 了？

Xiànzài shíyī diǎn, nà wǒ shuìle shí jǐ ge xiǎoshí le.
李英华：（時計を見て）现在 十一点，那 我 睡了 十 几个 小时 了。

Wǒ gāngcái láile yí tàng, kàn nǐ méi qǐ lai, jiù huíqu le.
田　中：我 刚才 来了 一 趟，看 你 没 起来，就 回去 了。

Yǒu shénme shìqing ma?
李英华：有 什么 事情 吗？

Kǎoshì jiéshù le, zánmen fàngsōng yíxià, wǎnshang chūqu chī yí dùn ba.
田　中：考试 结束 了，咱们 放松 一下，晚上 出去 吃 一 顿 吧。

Zhè shì ge hǎo zhǔyi.
李英华：这 是 个 好 主意。

060

〈本文〉の新出単語

1 主意 zhúyi 名 ＿＿＿＿＿＿＿＿
2 回去 huíqu 動 ＿＿＿＿＿＿＿＿
3 出去 chūqu 動 ＿＿＿＿＿＿＿＿
4 结束 jiéshù 動 ＿＿＿＿＿＿＿＿
5 放松 fàngsōng 動 ＿＿＿＿＿＿＿＿
6 睡 shuì 動 ＿＿＿＿＿＿＿＿
7 咱们 zánmen 代 ＿＿＿＿＿＿＿＿
8 刚 gāng 副 ＿＿＿＿＿＿＿＿
9 刚才 gāngcái 副 ＿＿＿＿＿＿＿＿
10 趟 tàng 量 ＿＿＿＿＿＿＿＿
11 顿 dùn 量 ＿＿＿＿＿＿＿＿

文法53 時量補語と動量補語

時量補語とは、時間の長さを表す補語である。時量補語は、時量の表現（☞ p136）を述語動詞の後ろに置き、動作行為あるいは状態が一定の時間をかけて継続することを表す。

主語＋述語＋時間名詞＋他の成分

日本語訳すと、「（主語）は（時間名詞）（述語）する」になる。

（1）我们准备旅行半个月。 Wǒmen zhǔnbèi lǚxíng bàn ge yuè.
（私たちは半月旅行するつもりです。）

（2）这个问题我想了很长时间。 Zhège wèntí wǒ xiǎng le hěn cháng shíjiān.
（この問題について、私は長い間考えました。）

（3）他在中国留学过一年。 Tā zài Zhōngguó liúxuéguo yì nián.
（彼は中国に一年間留学したことがあります。）

述語動詞が目的語をとる場合、一般には、目的語の後ろに同じ動詞をもう一度繰り返し、時量補語はその繰り返した動詞の後ろに置く。

（4）我等他等了半个小时。 Wǒ děng tā děngle bàn ge xiǎoshí.（私は彼を30分待ちました。）

（5）我们学汉语学了一年了。 Wǒmen xué Hànyǔ xué le yì nián le.
（私たちは一年間中国語を勉強しています。）

動量補語とは、動量詞（☞ 136）を述語動詞の後ろに置いて、動作の発生回数を表す補語である。

述語動詞が目的語をとる場合、目的語が名詞であれば動量補語の後ろに、目的語が代名詞であれば動量補語の前に置く。

主語＋述語＋（代名詞目的語）＋動量詞＋（名詞目的語）

日本語訳すと、「（主語）は（動量詞）（述語）する」になる。

（6）田中去了两趟小李的家。 Tiánzhōng qùle liǎng tàng Xiǎo Lǐ de jiā.
（田中さんは李さんの家に二度行きました。）

（7）田中去了那儿两趟。 Tiánzhōng qùle nàr liǎng tàng.（田中さんはそこへ二度行きました。）

文法54　時量の表現

時間の量を表す場合、日本語では「…間」と言うことが多いが、中国では次のように言う。

…年 nián（…年間）	一年 yì nián	两年 liǎng nián
…个月 ge yuè（…ヶ月間）	一个月 yí ge yuè	两个月 liǎng ge yuè
…个星期 ge xīngqī（…週間）	一个星期 yí ge xīngqī	两个星期 liǎng ge xīngqī
…天 tiān（…日間）	一天 yì tiān	两天 liǎng tiān
…个小时 ge xiǎoshí（…時間）	一个小时 yí ge xiǎoshí	两个小时 liǎng ge xiǎoshí
…分钟 fēnzhōng（…分間）	一分钟 yì fēnzhōng	两分钟 liǎng fēnzhōng

文法55　動量詞

動量詞は動詞の後ろに置いて動作行為の回数を表現する。以下は動量詞の一部である。

遍 biàn　動作の始めから終わりまでの全過程を表す。

（8）这本小说，我从头到尾看了两遍。 Zhè běn xiǎoshuō, wǒ cóng tóu dào wěi kànle liǎng biàn.
（この小説は、私は最初から最後まで二度読みました。）

次 cì　繰り返すことのできる動作の回数を表す。

（9）田中去过三次中国。 Tiánzhōng qùguo sān cì Zhōngguó.
（田中さんは中国へ三度行ったことがあります。）

回 huí　「次」と同じ。

（10）我见过他两回。 Wǒ jiànguo tā liǎng huí.（私は彼に二度会ったことがあります。）

下儿 xiàr　継続時間の短い動作を表す。

（11）轻轻地拍了他两下儿。 Qīngqīng de pāile tā liǎng xiàr.（彼を軽く二度たたきました。）

阵 zhèn　音声や風雨など広がりのある、短い一区切りの現象・行為を表す。

（12）刚才下了一阵雨。 Gāngcái xiàle yí zhèn yǔ.（さっき一雨降りました。）

体の部分または道具などの名称を借りる動量詞もある。

吃一口 chī yì kǒu（一口食べる）
看一眼 kàn yì yǎn（ちらっと見る）
抽一鞭子 chōu yì biānzi（鞭で一回たたく）
踢一脚 tī yì jiǎo（ポンと蹴る）
打一拳 dǎ yì quán（拳骨でボンと殴る）
写一笔 xiě yì bǐ（一筆書く）
叫一声 jiào yì shēng（ひと声かける）

文法56 度量衡の表現

現在の中国では、度量衡は「市制 shìzhì」（在来法）と「公制 gōngzhì」（メートル法）とを併用している。市制では、長さは「尺 chǐ」を主単位、容量は「升 shēng」を主単位、重量は「斤 jīn」を主単位としている。

度量衡単位換算表

度：	10分 fēn＝1寸	10寸 cùn＝1尺
	10尺 chǐ＝1丈	150丈 zhàng＝1里 lǐ
量：	10勺 sháo＝1合	10合 gě＝1升
	10升 shēng＝1斗	10斗 dǒu＝1石 dàn
衡：	10分 fēn＝1钱	10钱 qián＝1两
	10两 liǎng＝1斤	100斤 jīn＝1担 dàn

メートル法と市制の換算表

度：	1米 mǐ（1メートル）＝3尺	1厘米 límǐ（1センチメートル）＝3分
量：	1公升 gōngshēng（1リットル）＝1升	
衡：	1公斤 gōngjīn（1キログラム）＝2斤	1克 kè（1グラム）＝2分

〈文法〉の新出単語

1 拍 pāi 動 ＿＿＿＿＿＿＿＿
2 轻轻地 qīngqīng de 句 ＿＿＿＿＿＿＿＿
3 从头到尾 cóng tóu dào wěi 句 ＿＿＿＿＿＿＿＿

練　習

（〈練習〉の新出単語 ☞ p139）

1）次のピンインを漢字に改めて、日本語に訳しなさい。

① Zuótiān kǎoshì jiéshù le, wǒ duō shuìle yíhuìr.

＿＿＿＿＿＿＿＿ 訳：＿＿＿＿＿＿＿＿

② Tā gōngzuòle shí ge xiǎoshí le.

＿＿＿＿＿＿＿＿ 訳：＿＿＿＿＿＿＿＿

③ Zánmen míngtiān chūqu chī yí dùn ba.

＿＿＿＿＿＿＿＿ 訳：＿＿＿＿＿＿＿＿

④ Zhège wèntí wǒ xiǎngle sān tiān le.

＿＿＿＿＿＿＿＿ 訳：＿＿＿＿＿＿＿＿

⑤ Wǒ děng tā děngle shíwǔ fēnzhōng.

＿＿＿＿＿＿＿＿ 訳：＿＿＿＿＿＿＿＿

2）次の中国語を日本語に訳しなさい。

① 中国人每天吃三顿饭。 Zhōngguórén měitiān chī sān dùn fàn.

② 我准备去中国旅行半个月。 Wǒ zhǔnbèi qù Zhōngguó lǚxíng bàn ge yuè.

③ 他每天打工六个小时。 Tā měitiān dǎgōng liù ge xiǎoshí.

④ 小李今天来了三趟。 Xiǎo Lǐ jīntiān láile sāntàng.

⑤ 爸爸看报纸看了半天了。 Bàba kàn bàozhǐ kànle bàn tiān le.

3）次の日本語を中国語に訳しなさい。

① 高校生のとき、私は一年間中国語を勉強しました。

② この春休み、私たちは一度北海道へ旅行に行くつもりです。

③ 昨日は忙しくて、夜3時間しか寝ませんでした。

④ その本を最初から最後まで2回読みました。

⑤ 彼は病気になってすでに一ヶ月になります。

4）日本語の意味に合うように、中国語の単語を並べ替えて正しい文を作りなさい。

① 忙着　最近　时间　考试　很少　一直　睡觉

（最近は試験でずっと忙しいので、寝る時間が少ない。）

② 咱们　工作　旅行　结束了　一下　放松　出去　吧

（仕事が終わりましたので、ちょっとリラックスして、旅行に行きましょう。）

③ 看了　有意思　这个　电影　遍　我　很　三

（この映画はとても面白いので、私は3回見ました。）

5）本文の内容をまとめて、150字程度の文章を作りなさい。

〈練習〉の新出単語

1 春假 chūnjià 名 春休み

2 北海道 Běihǎidào 地名 北海道

3 病 bìng 名・動 病気；病気になる

4 一直 yìzhí 副 ずっと

中日漢字の違い（中－日）

刚－剛　直－直　旅－旅　虑－慮　遍－遍　轻－軽　阵－陣

第22课 坐到大阪城公园站下来

Zuòdào Dà bǎnchéng Gōng yuán zhàn xiàlai

061

Tiánzhōng, wǒ xiǎng qù Dàbǎnchéng Gōngyuán kànkan.
李英华：田中，我想去大阪城公园看看。

Nǐ zhīdao zěnme zǒu ma?
田中：你知道怎么走吗?

Zhīdao. Zhèr shì Tiānwángsì, cóng zhèr zuò huánzhuàngxiàn, zuò dào Dàbǎnchéng Gōngyuán zhàn xiàlai, ránhòu zǒu guoqu, duì ba?
李英华：知道。这儿是天王寺，从这儿坐环状线，坐到大阪城公园站下来，然后走过去，对吧?

Duì.
田中：对。

Tīngshuō Dàbǎnchéng shì Fēngchén Xiùjí shídài jiàn de, yǐjing yǒu jǐ bǎi nián de lìshǐ le, shì ma?
李英华：听说大阪城是丰臣秀吉时代建的，已经有几百年的历史了，是吗?

Shì de. Fēngchén Xiùjí shì gǔdài Rìběn de yí wèi yīngxióng, tā céngjīng tǒngyīguo quán Rìběn.
田中：是的。丰臣秀吉是古代日本的一位英雄，他曾经统一过全日本。

Nà zhè yí cì wǒ yídìng hǎohāor kànkan.
李英华：那这一次我一定好好儿看看。

062

〈本文〉の新出単語

1 公园 gōngyuán 名 ______
2 天王寺 Tiānwángsì 地名 ______
3 环状线 huánzhuàngxiàn 名 ______
4 站 zhàn 名 ______
5 丰臣秀吉 Fēngchén Xiùjí 人名 ______
6 时代 shídài 名 ______
7 古代 gǔdài 名 ______
8 英雄 yīngxióng 名 ______
9 建 jiàn 動 ______
10 花 huā 動 ______
11 统一 tǒngyī 動 ______
12 下来 xiàlai 動 ______
13 全 quán 形 ______
14 曾经 céngjīng 副 ______

文法57 「到」を用いる結果補語

動詞「到 dào」を用いる結果補語は、述語動詞の動作がある場所・時点・事柄にまで到達・持続したことを表す。

（1）从这儿走到公共汽车站要多长时间?

Cóng zhèr zǒudào gōnggòngqìchēzhàn yào duōcháng shíjiān?

（ここからバス停まで歩いてどれくらい時間がかかりますか。）

（2）昨天晚上，我回到家就睡觉了。 Zuótiān wǎnshang, wǒ huídào jiā jiù shuìjiàole.

（昨日の夜、私は家に帰ってすぐに寝てしまいました。）

（3）今天的课上到下午三点。 Jīntiān de kè shàngdào xiàwǔ sān diǎn.

（今日の授業は午後３時まで行います。）

（4）这孩子很努力，每天都学习到深夜。 Zhè háizi hěn nǔlì, měitiān dōu xuéxídào shēnyè.

（この子は努力家で、毎日深夜まで勉強します。）

（5）一说到学习，他就不高兴。 Yì shuōdào xuéxí, tā jiù bù gāoxìng.

（勉強のことを言うと、彼はすぐに機嫌が悪くなります。）

（6）他们谈到了在日本的生活问题。 Tāmen tándàole zài Rìběn de shēnghuó wèntí.

（彼らは日本での生活の問題に言及しました。）

〈文法〉の新出単語

1 深夜 shēnyè 名 ______
2 生活 shēnghuó 名 ______
3 努力 nǔlì 動 ______
4 谈 tán 動 ______
5 一…就… yī...jiù... 句

練　習　（〈練習〉の新出単語　☞ p143）

1）次のピンインを漢字に改めて、日本語に訳しなさい。

① Qù Dàbǎnchéng gōngyuán, yīnggāi zuòdào dì-liù zhàn xiàlai.

＿＿＿＿＿＿＿＿＿＿　訳：＿＿＿＿＿＿＿＿＿＿

② Dàbǎnchéng shì yī wǔ bā sān nián kāishǐ jiàn de.

＿＿＿＿＿＿＿＿＿＿　訳：＿＿＿＿＿＿＿＿＿＿

③ Tīngshuō Běijīng Gùgōng yǐjing yǒu jǐ bǎi nián de lìshǐ le.

＿＿＿＿＿＿＿＿＿＿　訳：＿＿＿＿＿＿＿＿＿＿

④ Fēngchén Xiùjí shì gǔdài Rìběn de yí wèi yīngxióng.

＿＿＿＿＿＿＿＿＿＿　訳：＿＿＿＿＿＿＿＿＿＿

⑤ Cóng zhèr zǒudào wǒ jiā, yào yí ge xiǎoshí.

＿＿＿＿＿＿＿＿＿＿　訳：＿＿＿＿＿＿＿＿＿＿

2）次の中国語を日本語に訳しなさい。

① 从大阪站坐到天王寺，要二十分钟。 Cóng Dàbǎn zhàn zuòdào Tiānwángsì, yào èrshí fēnzhōng.

＿＿＿＿＿＿＿＿＿＿＿＿＿＿＿＿＿＿＿＿

② 四天王寺是五九三年建的。 Sìtiānwáng Sì shì wǔ jiǔ sān nián jiàn de.

＿＿＿＿＿＿＿＿＿＿＿＿＿＿＿＿＿＿＿＿

③ 圣德太子是日本古代著名的政治家。 Shèngdé Tàizǐ shì Rìběn gǔdài zhùmíng de zhèngzhìjiā.

＿＿＿＿＿＿＿＿＿＿＿＿＿＿＿＿＿＿＿＿

④ 关羽是中国古代的一位英雄。 Guān Yǔ shì Zhōngguó gǔdài de yí wèi yīngxióng.

＿＿＿＿＿＿＿＿＿＿＿＿＿＿＿＿＿＿＿＿

⑤ 他们唱卡拉ＯＫ唱到晚上十点。 Tāmen chàng kālāōukēi chàngdào wǎnshang shí diǎn.

＿＿＿＿＿＿＿＿＿＿＿＿＿＿＿＿＿＿＿＿

3）次の日本語を中国語に訳しなさい。

① 昨日、私が家に帰りついた時、ちょうど6時でした。

＿＿＿＿＿＿＿＿＿＿＿＿＿＿＿＿＿＿＿＿

② 夏目漱石は近代日本の有名な小説家です。

＿＿＿＿＿＿＿＿＿＿＿＿＿＿＿＿＿＿＿＿

③ 今日、私は10時半まで寝ました。

＿＿＿＿＿＿＿＿＿＿＿＿＿＿＿＿＿＿＿＿

④ おいしい食べ物に話が及ぶと、彼はすぐに嬉しくなります。

⑤ 李英華は昨日夜10時までアルバイトをしました。

4）日本語の意味に合うように、中国語の単語を並べ替えて正しい文を作りなさい。

① 大阪城　历史了　时代　是　建的　几百年　已经　有　的　丰臣秀吉

（大阪城は豊臣秀吉の時代に建てたもので、すでに数百年の歴史があります。）

② 他　十点　从　工作　早上　一直　到　晚上　八点

（彼は朝8時から夜10時までずっと仕事をしていました。）

③ 一　赏樱花　春天　说到　日本的　想　人们　就　去

（日本の春に話が及ぶと、人々はすぐに花見に行きたくなります。）

5）大阪城について、200字程度の文章を作りなさい。

〈練習〉の新出単語

1 作家 zuòjiā 名 作家
2 政治家 zhèngzhìjiā 名 政治家
3 卡拉KO kālāōukēi 名 カラオケ
4 近代 jìndài 名 近代
5 春天 chūntiān 名 春
6 樱花 yīnghuā 名 桜
7 圣德太子 Shèngdé Tàizǐ 人名 聖徳太子
8 夏目漱石 Xiàmù Shùshí 人名 夏目漱石
9 关羽 Guān Yǔ 人名 関羽
10 著名 zhùmíng 形 有名な

中日漢字の違い（中－日）

历－歴　环－環　丰－豊　花－花　统－統

更上一层楼 gèngshàngyìcénglóu

読み物（1）：我的一天 Wǒ de yì tiān（私の一日）

Wǒ shì liúxuéshēng, shì qùnián cóng Běijīng lái Rìběn liúxué de, xiànzài zhùzài Dàbǎn chénglǐ.
我 是 留学生，是 去年 从 北京 来 日本 留学 的，现在 住在 大阪 城里。

Wǒ měitiān zǎoshang liù diǎn qǐchuáng. Qǐchuáng yǐhòu xiān qù pǎobù, ránhòu xǐ liǎn、shuā yá、chī zǎofàn, bā diǎn zuò gōnggòngqìchē qù xuéxiào.
我 每天 早上 六 点 起床。起床 以后 先 去 跑步，然后 洗 脸、刷 牙、吃 早饭，八 点 坐 公共汽车 去 学校。

Wǒ shàngwǔ shàng liǎng jié kè, shíèr diǎn xiàkè. Xiàkè yǐhòu, wǒ jīngcháng hé tóngxué yìqǐ qù shítáng chī wǔfàn.
我 上午 上 两 节 课，十二 点 下课。下课 以后，我 经常 和 同学 一起 去 食堂 吃 午饭。

Xiàwǔ, wǒ méiyǒu kè, jīngcháng qù túshūguǎn kàn shū. Wǒ wǔ diǎn líkāi xuéxiào, liù diǎn kāishǐ zài fànguǎn dǎgōng, wǎnshang shí diǎn huíjiā, shíyī diǎn bàn zuǒyòu shuìjiào.
下午，我 没有 课，经常 去 图书馆 看 书。我 五 点 离开 学校，六 点 开始 在 饭馆 打工，晚上 十 点 回家，十一 点 半 左右 睡觉。

読み物（2）：自我介绍 Zìwǒ Jièshao（自己紹介文）

Nǐmen hǎo, wǒ jiào Tiánzhōng Yángyī, shì Rìběnrén, xiànzài zhùzài Xiàn Shì Xuéyuán Qián Sān Dīngmù èr Fān Yī hào。Wǒ shì dàxuéshēng, xiànzài zài Dàxué zhuānyè xuéxí, jīnnián èr niánjí。Chūcì jiànmiàn, qǐng duōduō guānzhào.
你们 好，我 叫 田中 洋一，是 日本人，现在 住在 〇〇县〇〇市 学园 前 三 丁目 二 番 一 号。我 是 大学生，现在 在 〇〇〇〇大学 〇〇 专业 学习，今年 二 年级。初次 见面，请 多多 关照。

Wǒ jiā yǒu wǔ kǒurén, bàba、māma, háiyǒu yí ge gēge, yí ge dìdi. Wǒ xǐhuan tī zúqiú. Hànyǔ hěn yǒuyìsi, wǒ xǐhuan xuéxí Hànyǔ. Wǒ dǎsuàn bìyè yǐhòu qù Zhōngguó liúxué, xiān qù Běijīng hǎohāor xuéxí Pǔtōnghuà, yǐhòu zài qù nánfāng xuéxí Hànyǔ fāngyán.
我 家 有 五 口人，爸爸、妈妈，还有 一 个 哥哥，一 个 弟弟。我 喜欢 踢 足球。汉语 很 有意思，我 喜欢 学习 汉语。我 打算 毕业 以后 去 中国 留学，先 去 北京 好好儿 学习 普通话，以后 再 去 南方 学习 汉语 方言。

中国の故事（1）：拔苗助长 bá miáo zhù zhǎng

战国时代（Zhànguó shídài）的思想家（sīxiǎngjiā）孟子（Mèngzǐ）认为："光明正大（guāngmíng zhèngdà）之气源于自身之道义心，如果将它精心呵护而不加以损害，就会充满于天地之间。"孟子将这种气称为"浩然之气（hàorán zhī qì）"。这种"浩然之气"不能借助外力促使其增长。为了说明这一理论，孟子打了一个通俗易懂（tōngsú yì dǒng）的比喻。宋国（Sòng Guó）有一个人，看到自己田里的禾苗长得太慢，心里非常着急。一天，他干脆下田把禾苗一株株地往上拔高一节。回到家里，他对家人说："今天可把我累坏了！我一下子让禾苗长高了许多！"他儿子听后不禁大吃一惊（dà chī yì jīng），连忙跑到田里去看。果然不出所料（bù chū suǒ liào），田里的禾苗全部都已枯萎。拔苗助长，不仅无益，反而有害。

戦国時代の思想家・孟子は、「公明正大の気は自らの道義心から生まれ出るもので、それを養い損なわなければ、天地の間にも充満する」と説き、その気を「浩然の気」と呼んだ。この浩然の気は外からの力で無理に育てることはできない。そのことを説明したのが次のわかりやすい譬え話である。宋の国に、畑の苗の成長が遅いのを気に病む男がいた。男は、少しでも苗を伸ばそうと苗を引っ張って回り、家に帰ると家族に言った、「今日は疲れた。苗の伸びるのを手伝ったからな。」驚いた息子が急いで見に行くと、引かれた苗は枯れていた。苗の成長を助けようと引っ張れば、無益なだけでなく、かえって有害である。

中国の故事（2）：塞翁失马 Sàiwēng shī mǎ

从前，有一位老人住在长城(Chángchéng)边。一天，他养的马逃到了匈奴(Xiōn Gnú)(北方骑马民族)之地。同村的邻居来安慰(ānwèi)他，他说："怎能知道这不是福(fú)呢？"几个月后，那马带回了几匹骏马(jùnmǎ)，邻人向他道贺(dàohè)，他则说："怎能知道这不是祸(huò)呢？"老人的儿子喜欢骑马，一天骑马时摔(shuāi)断了腿，邻人再次来安慰他，他又说："怎能知道这不是福呢？"一年后，匈奴入侵，几乎所有年轻人都不得不手持弓箭(gōngjiàn)上战场，生还者寥寥无几(liáoliáo wú jǐ)。而老人的儿子因腿残未去服役，得以保全了性命。这则比喻说明了"幸"与"不幸"是相对的，其变化有时深奥莫测(shēn'ào mò cè)。

むかし、長城の近くに老人が住んでいた。ある日、老人の馬が匈奴（北方の騎馬民族）の地に逃げてしまった。村人が慰めると、老人は言った、「これが幸いにならんとも限らん。」数ヶ月後、逃げた馬が数頭の駿馬を連れて帰ってきた。村人が祝福すると、老人は言った、「これが災いにならんとも限らん。」息子は乗馬好きで、ある日、落馬して足を折ってしまった。村人が慰めると、老人は言った、「これが幸いにならんとも限らん。」一年が過ぎ、匈奴が襲来した。若者たちは弓矢を取って戦い、十人に九人は戦死した。だが、息子は足が不自由で戦えず、親子とも生きながらえることができた。何が幸いとなり災いとなるか、その変化は極めがたく奥深いという譬え話である。

中国の故事（3）：卧薪尝胆 wò xīn cháng dǎn

在春秋时代（Chūnqiū shídài）后期，吴王（Wúwáng）阖闾（Hélǘ）在与越国（Yuèguó）作战时负了重伤，生命垂危。临终前他再三嘱咐（zhǔfu）儿子夫差（Fūchāi），让他务必向越王勾践（Gōujiàn）报仇。阖闾死后，夫差做了吴王，他为了不忘记父亲的遗言，每天睡在坚硬的柴草上，等待复仇的机会。一年，越王勾践趁机发动进攻，结果却被围困于会稽山（Kuàijī Shān 浙江省绍兴），最终以亲自赴吴国（Wúguó）作人质为条件请求议和。后来，吴王释放了越王勾践。勾践在归国后，为了不忘记战败沦为人质的耻辱（chǐrǔ），始终将苦胆置于身旁，并时不时地舔尝它的苦味。十五年后，越王勾践趁吴王夫差放松警惕（jǐngtì）之际发动进攻，一举消灭了吴国。

春秋時代の後期、越と戦って敗れ致命傷を負った呉王闔閭（こうりょ）は、死ぬ間際、息子の夫差（ふさ）に越王勾践（こうせん）への復讐を命じた。呉王となった夫差は父の遺言を忘れないため、毎日固い薪の上に寝て報復の機会をうかがった。ある年、越王勾践は、機を見て先制攻撃を仕掛けたが、会稽山（かいけいざん）（浙江省紹興）に追い詰められ、ついには自ら奴隷となる条件で講和を願い出た。後に許されて帰国した勾践は、座席の傍らに苦い肝を置いて事あるごとにそれを嘗（な）め、会稽山での屈辱を思い起こした。その約十五年後、越王勾践は、油断して越への警戒を怠った呉王夫差を攻め滅ぼした。

中国の故事（4）：孟母三迁 Mèngmǔ sān qiān

孟子是战国时代中期的思想家，他的"性善说（xìngshànshuō）"尽人皆知（jìn rén jiē zhī）。他幼年丧父，是母亲一人将他抚养成人。孟子年幼时，因家在坟地附近，所以常常模仿（mófǎng）丧葬仪式玩耍（wánshuǎ）。为此，母亲将家搬到了市场附近。这时，孟子又模仿商人做起了欺诈（qīzhà）顾客的游戏（yóuxì）。于是，他母亲再次将家搬到了学校附近。这样，孟子终于变成了好学（hàoxué）而有礼貌（lǐmào）的孩子。长大后，孟子离开母亲外出求学。一天，他突然回到家中。母亲见状，剪断了正在织的布匹，并对孟子说："做学问如果半途而废（bàntú ér fèi），就像将织到中途的布匹被剪断一样。"在母亲的严格教育下，孟子终于更加好学了。"孟母三迁""孟母断机（Mèngmǔ duàn jī）"也成了流传至今的佳话（jiāhuà）。

孟子は戦国時代中期の思想家で、性善説（せいぜんせつ）で知られる。彼は早くに父を亡くし、母親の手で育てられた。彼が幼い頃のこと、墓場の近くに住んでいたので、葬儀の真似をして遊んだ。それで、母親は市場のそばに引っ越した。するとこんどは客に吹っ掛けてもうける商人の真似をした。母親はまた引っ越して学校のそばに住んだ。おかげで彼は礼儀正しい子供に育った。やがて成長した孟子は学問のため親元を離れた。ある時、孟子が突然家に戻ってきた。機織りをしていた母親は、織っていた布を断ち切って言った、「学問を途中で投げ出したら、織りかけた布を断つのと同じです。」母の厳しい教えに心打たれた孟子は以後、学業に努めた。この「孟母三遷（もうぼさんせん）」と「孟母断機（もうぼだんき）」の故事は美談として今に伝わっている。

中国の故事（5）：奇货可居 qí huò kě jū

战国后期，有一位大商人名叫吕不韦（Lǚ Bùwéi）。他在赵国（Zhào Guó）都城邯郸（Hándān）听说有一个叫子楚（Zǐchǔ）的青年，正在赵国做人质，过着不自由的生活，而其父亲是秦国（Qín Guó）的太子安国君（Ānguójūn）。吕不韦觉得“此乃奇货，可囤积居奇”。于是，他一方面援助（yuánzhù）子楚的生活，一方面以子楚的名义频频赠送珍贵礼物（lǐwù）给安国君的宠妃华阳夫人（Huáyáng fūren）。这样，没有子嗣的华阳夫人看中了子楚，并竭力向安国君推荐（tuījiàn）将子楚立为继承人。此外，吕不韦在知道子楚喜欢自己所爱的女子后，将该女子送给了他。而此时该女子已经怀有吕不韦的孩子。后来,子楚顺利地做了秦国国王，吕不韦也因此做了秦国的丞相（chéngxiàng），女子所怀的孩子则成了后来的秦始皇（Qínshǐhuáng）。

戦国時代の後期、呂不韋という大商人があった。彼は趙国の都邯鄲である青年の噂を耳にした。青年は秦国から趙国へ人質に出されている子楚という人物で、不自由な生活を送っていたが、その父は秦国の太子の安国君であった。呂不韋は「奇貨（珍しい品物）だから、仕入れておこう」と考え、子楚の生活を援助する一方で、安国君の寵姫の華陽夫人に子楚の名義で高価な贈り物をした。子の無い華陽夫人は子楚が気に入り、子楚を後継者とするように安国君に口説いた。また、子楚が呂不韋の愛人に好意を寄せているのを知ると、呂不韋はその女性をも子楚に与えた。その時、女性は呂不韋の子を身ごもっていた。後に子楚はめでたく秦国国王になり、呂不韋も丞相になった。そして、女性の身ごもっていた子が後の始皇帝である。

中国の故事（6）：指鹿为马 zhǐ lù wéi mǎ

公元前221年，第一次完成中国统一大业的秦始皇，在数次巡幸（xúnxìng）各地夸示自己至高无上（zhì gāo wú shàng）的权力后，于第五次巡幸途中染病而亡。临终（línzhōng）时，正好在场的宦官（huànguān）赵高（Zhào Gāo）觉得这是千载难逢（qiān zǎi nán féng）的好机会，便假传圣旨，令太子扶苏（Fúsū）自杀，并拥立皇子胡亥（Húhài）为皇帝（huángdì）。胡亥成为秦国二世皇帝后，赵高更是为所欲为。他为了让大臣们都服从他，演出了一场闹剧。一天，他将一头鹿（lù）献给胡亥，却故意将它说成是马。胡亥向群臣笑道：“这明明是一头鹿，丞相却将它说成是马，是否搞错了！”群臣听后，有人诚实地回答说“是鹿”，但也有人保持沉默（chénmò），还有人看着赵高的脸色违心地说“是马”。事后，赵高将回答是鹿者一一杀害。从此以后，大臣们都害怕赵高，再也没人敢违抗他了。

前221年初めて中国を統一した秦の始皇帝は、幾度も各地を巡って自らの権力を誇示したが、第五回目の巡行中に病死した。臨終の場に居合わせた宦官の趙高は、これを好機とし、始皇帝の命令と偽って太子扶蘇を自殺させた後、皇子胡亥を擁立した。胡亥が二世皇帝となり、更に権力欲をたくましくした趙高は、臣下を支配するために一芝居打った。胡亥に鹿を献上しながら、わざと「馬です」と言ったのである。胡亥は「鹿を馬とは馬鹿なことを」と笑って近臣に問うた。ある者は正直に「鹿です」と答えたが、ある者は沈黙し、ある者は趙高の顔色をうかがい「馬です」と答えた。趙高は鹿だと答えた者全員を殺害した。それ以来、臣下は趙高を恐れ、あえて逆らう者はなくなった。

中国の故事（7）：四面楚歌 sì miàn Chǔ gē

秦朝（Qíncháo）末年，陈胜（Chén Shèng）、吴广（Wú Guǎng）举兵起义，各地豪杰纷纷响应，反秦硝烟遍地而起。在各路起义军中，项羽（Xiàng Yǔ）所率的楚（Chǔ）军和刘邦（Liú Bāng）所率的汉（Hàn）军发展迅速，实力尤其强大。项羽凭借卓越的军事才能曾一时称霸（chēngbà），而刘邦则善于利用身边人才，不断壮大势力，最终超过（chāoguò）项羽。公元前202年，项羽于垓下（Gāixià，安徽省）被刘邦军队重重包围。入夜后，处于重围中的项羽听到刘邦阵营中传来阵阵楚歌声，不禁大惊：“难道汉军已占领了楚地？不然怎会有如此多的楚人呢？”项羽明白大势已去（dà shì yǐ qù），令人准备了最后的酒宴，面对宠姬虞美人（Yú měirén）和爱马骓（Zhuī）边饮边歌：“力拔山兮（xī）气盖世，时不利兮骓不逝，骓不逝兮可奈何，虞兮虞兮奈若何！”虞美人也和唱之。其情其景催人泪下（cuī rén lèi xià）。

秦朝の末年、陳勝・呉広が挙兵すると、各地で秦打倒の烽火が広がり、その中から楚軍を率いる項羽と漢軍を率いる劉邦とが台頭してきた。項羽は軍事的才能を発揮して一時は覇王を称した。しかし、人材の登用に長けた劉邦が勢力を伸ばし、ついに項羽を凌ぐに至り、前202年、項羽は垓下（安徽省）において劉邦の軍隊に幾重にも包囲された。日が落ちると、包囲する漢の陣営から楚の歌が聞こえてきた。項羽は驚愕した、「漢はすでに楚を手中にしたのか。何と楚の人の多いことか！」運命を悟った項羽は、最後の酒宴を張り、最愛の女性・虞美人と愛馬・騅とを傍らに歌った。

力は山を抜き　気は世を蓋う、時に利あらず　騅　逝かず。
騅の逝かざる　奈何すべき、虞や虞や若を奈何せん。

虞美人も項羽に和して歌った。涙を誘う場面である。

中国の故事（8）：卷土重来 juǎn tǔ chóng lái

在垓下被汉军围困的项羽，率八百余骑兵悄悄脱出重围，逃向南方。至东城（Dōngchéng，安徽省）时，只剩二十八人，而汉军数千精兵仍紧追不舍，寡不敌众（guǎ bù dí zhòng）。尽管如此（jǐnguǎn rúcǐ），项羽还是凭借其天才般的战术与汉军周旋，并一直逃到长江（Chángjiāng）渡口乌江（Wūjiāng）。渡江而过，对面就是江东（Jiāngdōng）即项羽的故乡。此时，亭长（渡口管理人）已准备好船只，并催促项羽道："江东虽然狭小，但仍可东山再起，请大王尽快过江！"听罢亭长善意的劝告，项羽笑道："天要灭我，我又有何必要过江呢！况且我带走八千江东子弟，而今无一人生还。即使江东父老可怜我，但我又有何脸面见他们呢？"说完，项羽将爱马赠予亭长，持剑冲入汉军阵营，斩杀敌军数百后自刎身亡（zì wěn shēn wáng）。唐代（Tángdài）诗人杜牧（Dù Mù）以此为题，写下"江东子弟多才俊，卷土重来未可知（题乌江亭）"的著名诗句，表达了对一世英雄的惋惜之情。

垓下で漢軍に包囲された項羽は、騎兵八百餘を率い、囲みを脱して南方へ逃れた。東城（安徽省）に至った時には僅か28騎、対して追う漢軍は数千にも及んだが、天才的な戦術を駆使して漢軍に損害を与えつつ、項羽はさらに南下して烏江（長江の渡し場）に出た。対岸は江東すなわち項羽の故郷である。舟を用意して待っていた亭長(渡し場の管理人)は項羽に促して言った、「江東は狭いとはいえ、再起を期するのには十分、さあ早く渡られよ。」この言葉に項羽は笑って答えた、「天が俺を滅ぼすのに、どうして渡ろうか。しかも、江東の若者八千人を率いて出陣しながら、一人も連れて戻れなかった。たとえその父兄が許しても、俺は彼らに会わす顔がない。」こうして項羽は、愛馬騅を亭長に与え、剣を手に漢軍に切り込み、数百人を斬る奮闘の末、自刎して果てたのであった。唐の詩人杜牧はこれを題材に、「江東の子弟 才俊多く、捲土重来も未だ知るべからず。」（烏江亭に題す）と歌い、一世の英雄項羽の死を惜しんだ。

中国の故事（9）：三顾茅庐 sān gù Máolú

官渡（Guāndù）之战曹操（Cáo Cāo）击败袁绍（Yuán Shào）后，大致统一了中国北方。曾依附（yīfù）于袁绍的刘备（Liú Bèi），不得不逃往南方，依附荆州（Jīngzhōu）刘表（Liú Biǎo）。此间，荆州形势安定，几无战事，因此胸怀大志（xiōng huái dà zhì）的刘备也只能碌碌无为（lùlù wú wéi）地过着日子。正当刘备一筹莫展的时候，有一位叫徐庶（Xú Shù）的才子前来拜访（bàifǎng），并建议说："有个叫诸葛亮（Zhūgě Liàngi）的人，宛如卧龙（wòlóng，意为极其优秀但尚未出山的人物），何不前往一见？"刘备道："你能否带他来见我？"徐庶回答说："不行，您必须亲自前往才能见到他。"于是，刘备前往拜访诸葛亮，前后去了三次才得以相见，并最终如愿以偿，获得了天才军师。诸葛亮在其《前出师表（Qián ChūShī Biǎo）》中有"三顾臣于草庐之中"之语，后人将其减缩成了"三顾茅庐"。

官渡の戦いで袁紹を破った曹操は、北中国をほぼ勢力圏に収めた。一方、袁紹に付いた劉備は南に逃れ、今度は荊州を領する劉表に身を寄せた。いまだ戦火の及ばない荊州は平穏で、劉備は大志を遂げられない不甲斐なさを嘆きつつ、悶々と無為の日々を過ごしていた。そんな彼のもとに、徐庶という男が訪ねてきた。会えば、なかなかの人物である。徐庶「諸葛亮という男は臥龍（優秀だが未だ世に出ぬ人物）です。お会いになってみますか？」劉備「ならば、連れて来てきてくれるか？」徐庶「いいえ、こちらから出かけて行かなければ会えせん。どうか自らお出かけください。」こうして、劉備は三度出かけてようやく諸葛亮に会い、念願の名参謀を得ることができたのであった。ちなみに、諸葛亮の「前出師表」では「三たび臣を草廬の中に顧み（三顧草廬）」と見えるが、後にそれを省略して「三顾茅庐」と言うようになった。

中国の故事（10）：乐不思蜀 lè bù sī Shǔ

蜀国（Shǔ Guó）第二代皇帝、刘备的儿子刘禅（Liú Shàn）是一位凡庸的人物。诸葛亮等忠臣辅佐期间，刘禅尚能听从他们的建议。而在诸葛亮等去世后，他宠信邪恶宦官黄皓（Huáng Hào），最终使自己做了亡国国君。263年，魏国（Wèi Guó）攻入蜀国，刘禅不战而降，他本人也被带往魏都洛阳（Luòyáng）。一天，魏国相国（xiàngguó）司马昭（Sīmǎ Zhāo）请刘禅去参加宴会。当宴会上奏起蜀地音乐时，蜀国旧臣们无不因亡国而倍感悲伤，不禁纷纷落泪，唯刘禅一人独乐。后来，司马昭问刘禅是否想念故国，刘禅答道："此间乐，不思蜀。"蜀旧臣郤正（Xì Zhèng）听后提醒刘禅，若再有此问，应该说："先祖的坟墓都在西边蜀地，故每当念及西边，都非常悲哀，且无日不思念故土。"后来，司马昭再次问了一遍，刘禅果然依照郤正所教回答，且准确无误。司马昭说："这不与郤正所说的一模一样（yì mó yí yàng）吗？"刘禅答道："正是！"周围人听后不禁大笑。

劉備の後を継いで蜀の第二代皇帝（後主）となった劉禅は、凡庸な人物であった。補佐役の諸葛亮らが存命の内はよくその忠告に従ったが、彼らが没すると、邪悪な宦官・黄皓を信任して国を傾かせることとなった。263年、魏が蜀に攻め入ると、劉禅はあっけなく降伏、身柄は魏の都の洛陽に移された。ある日、魏の相国の司馬昭が劉禅を宴会に招いた。宴席では蜀の音楽が奏でられた。蜀の遺臣たちは亡国の悲しみに涙したが、ひとり劉禅のみ楽しげであった。別の日、司馬昭が「蜀を思い出されるか」と問うと、劉禅は言った、「ここは楽しくて蜀を思い出すことはありません。」蜀の遺臣の郤正が見かねて注意した、こんど尋ねられたら「父祖の墓が西方の蜀にあるゆえ、西を思えば悲しく、思い出さぬことはない」と答えられよ。後日、司馬昭がまた同じ質問をすると、劉禅は今度は郤正に教えられた通りに答えた。司馬昭が「郤正の言葉そっくりだ」と言うと、劉禅は「まことにおっしゃるとおり」と答えたので、周りの者はどっと笑った。

参考資料（1）：日本の地名

地　名	中国語による表記	中国語での読み方
北海道 ホッカイドウ	北海道	Běihǎi Dào
青森県 アオモリケン	青森县	Qīngsēn Xiàn
岩手県 イワテケン	岩手县	Yánshǒu Xiàn
宮城県 ミヤギケン	宫城县	Gōngchéng Xiàn
秋田県 アキタケン	秋田县	Qiūtián Xiàn
山形県 ヤマガタケン	山形县	Shānxíng Xiàn
福島県 フクシマケン	福岛县	Fúdǎo Xiàn
茨城県 イバラキケン	茨城县	Cíchéng Xiàn
栃木県 トチギケン	栃木县	Lìmù Xiàn
群馬県 グンマケン	群马县	Qúnmǎ Xiàn
埼玉県 サイタマケン	埼玉县	Qíyù Xiàn
千葉県 チバケン	千叶县	Qiānyè Xiàn
東京都 トウキョウト	东京都	Dōngjīng Dū
神奈川県 カナガワケン	神奈川	Shénnàichuān Xiàn
新潟県 ニイガタケン	新潟县	Xīnxì Xiàn
富山県 トヤマケン	富山县	Fùshān Xiàn
石川県 イシカワケン	石川县	Shíchuān Xiàn
福井県 フクイケン	福井县	Fújǐng Xiàn
山梨県 ヤマナシケン	山梨县	Shānlí Xiàn
長野県 ナガノケン	长野县	Chángyě Xiàn
岐阜県 ギフケン	岐阜县	Qífù Xiàn
静岡県 シズオカケン	静冈县	Jìnggāng Xiàn
愛知県 アイチケン	爱知县	Àizhī Xiàn

地　名	中国語による表記	中国語での読み方
三重県 ミエケン	三重县	Sānchóng Xiàn
滋賀県 シガケン	滋贺县	Zīhè Xiàn
京都府 キョウトフ	京都府	Jīngdū Fǔ
大阪府 オオサカフ	大阪府	Dàbǎn Fǔ
兵庫県 ヒョウゴケン	兵库县	Bīngkù Xiàn
奈良県 ナラケン	奈良县	Nàiliáng Xiàn
和歌山県 ワカヤマケン	和歌山	Hégēshān Xiàn
鳥取県 トットリケン	鸟取县	Niǎoqǔ Xiàn
島根県 シマネケン	岛根县	Dǎogēn Xiàn
岡山県 オカヤマケン	冈山县	Gāngshān Xiàn
広島県 ヒロシマケン	广岛县	Guǎngdǎo Xiàn
山口県 ヤマグチケン	山口县	Shānkǒu Xiàn
徳島県 トクシマケン	德岛县	Dédǎo Xiàn
香川県 カガワケン	香川县	Xiāngchuān Xiàn
愛媛県 エヒメケン	爱媛县	Àiyuàn Xiàn
高知県 コウチケン	高知县	Gāozhī Xiàn
福岡県 フクオカケン	福冈县	Fúgāng Xiàn
佐賀県 サガケン	佐贺县	Zuǒhè Xiàn
長崎県 ナガサキケン	长崎县	Chángqí Xiàn
熊本県 クマモトケン	熊本县	Xióngběn Xiàn
大分県 オオイタケン	大分县	Dàfēn Xiàn
宮崎県 ミヤザキケン	宫崎县	Gōngqí Xiàn
鹿児島県 カゴシマケン	鹿儿岛县	Lù'érdǎo Xiàn
沖縄県 オキナワケン	冲绳县	Chōngshéng Xiàn

参考資料（2）：世界の国名

蒙古 Měnggǔ（モンゴル）
韩国 Hánguó（韓国）
朝鲜 Cháoxiǎn（朝鮮）
越南 Yuènán（ベトナム）
马来西亚 Mǎláixīyà（マレーシア）
印度尼西亚 Yìndùníxīyà（インドネシア）
菲律宾 Fēilǜbīn（フィリピン）
泰国 Tàiguó（タイ）
新加坡 Xīnjiāpō（シンガポール）
印度 Yìndù（インド）
以色列 Yǐsèliè（イスラエル）

伊拉克 Yīlākè（イラク）
伊朗 Yīlǎng（イラン）
阿富汗 Āfùhàn（アフガニスタン）
澳大利亚 Àodàlìyà（オーストラリア）
新西兰 Xīnxīlán（ニュージーランド）
俄罗斯 Éluósī（ロシア）
英国 Yīngguó（イギリス）
德国 Déguó（ドイツ）
意大利 Yìdàlì（イタリア）
法国 Fǎguó（フランス）

西班牙 Xībānyá（スペイン）
荷兰 Hélán（オランダ）
瑞士 Ruìshì（スイス）
奥地利 Àodìlì（オーストリア）
南非 Nánfēi（南アフリカ）
埃及 Āijí（エジプト）
美国 Měiguó（アメリカ）
加拿大 Jiānádà（カナダ）
墨西哥 Mòxīgē（メキシコ）
巴西 Bāxī（ブラジル）
阿根廷 Āgēntíng（アルゼンチン）

新出単語リスト

（　）の数字は課数を示す

A

安排 ānpái [名] 処置；手配　(16)本文

奥运会 Àoyùnhuì [名] オリンピック　(16)本文

B

爸爸 bàba [名] お父さん　(5)文法

吧 ba [助] 文末につけて相談・提案・要求・命令の意を表す　(2)本文

百 bǎi [数] 百　(10)文法

百分之× bǎifēnzhī… [句] …パーセント；×分の×　(10)文法

班 bān [名] クラス　(11)練習

搬 bān [動] 運ぶ　(20)文法

半 bàn [数] …半　(9)本文

半决赛 bànjuésài [名] 準決勝　(16)本文

帮 bāng [動] 助ける　(16)文法

帮忙 bāngmáng [動] 助ける；手伝う　(17)文法

棒球 bàngqiú [名] 野球　(16)本文

报纸 bàozhǐ [名] 新聞　(14)練習

杯子 bēizi [名] コップ　(20)文法

北海道 Běihǎidào：地名　(21)練習

北京 Běijīng：地名　(5)練習

被 bèi [前置]（受け身の文で行為者を導く）…に（…される）　(20)本文

本 běn [量] …冊　(8)本文

本子 běnzi [名] ノート　(18)文法

比 bǐ [前置] 比べる；…より　(17)本文

比较 bǐjiào [副] 比較的　(20)本文

比赛 bǐsài [名] 試合　(16)本文

笔记本电脑 bǐjìběn diànnǎo [名] ノートパソコン　(10)練習

必须 bìxū [副] 必ず　(20)本文

必要 bìyào [名] 必要　(19)本文

毕业 bìyè [動] 卒業する　(13)本文

边…边… biān…biān… [句] …しながら…する　(7)文法

遍 biàn [量] …遍；…回　(4)本文

表扬 biǎoyáng [動] 褒める　(20)文法

别…了 bié…le [句]（禁止を表す）…するな　(15)文法

别人 biéren [代] ほかの人；他人　(18)文法

病 bìng [名]・[動] 病気；病気になる　(21)練習

播 bō [動] 放送する　(16)本文

博物馆 bówùguǎn [名] 博物館　(16)練習

不 bù [副] …しない；…でない　(1)本文

不过 búguò [接] しかし　(14)本文

不行 bù xíng [句] だめ；いけない　(18)文法

不是 bú shì [句] いいえ　(5)本文

不太 bútài [句] あまり…ない　(6)本文

C

菜 cài [名] 料理　(18)文法

曾经 céngjīng [副] かつて　(22)本文

茶 chá [名] お茶　(7)本文

差 chà [動] …前　(9)文法

差不多 chàbuduō [形] ほとんど同じ；ほとんど　(17)本文

长 cháng [形] 長い　(17)練習

尝 cháng [動] 味わう　(7)本文

唱 chàng [動] 歌う　(19)文法

超过 chāoguò [動] 超える　(10)練習

炒饭 chǎofàn [名] チャーハン　(7)本文

车站 chēzhàn [名]（電車やバスなどの）停留所　(12)練習

称作 chēngzuò [動] …と呼ばれる　(20)文法

成立 chénglì [動] 成立する　(19)本文

成龙 Chéng Lóng：人名、ジャッキー・チェン　(15)練習

城里 chénglǐ 名 市内 (12)本文

城市 chéngshì 名 町；都市 (10)本文

吃 chī 動 食べる (2)本文

迟 chí 形 遅い；遅れる (15)練習

赤壁 Chìbì 名 (映画名)レッドクリフ (15)本文

抽烟 chōu yān 句 タバコを吸う (17)練習

出差 chūchāi 動 出張する (13)練習

出去 chūqu 動 出かける (21)本文

初次 chūcì 副 初めて (3)本文

穿 chuān 動 着る；(靴などを)はく (16)文法

窗户 chuānghu 名 窓 (18)練習

吹 chuī 動 吹く (20)文法

吹灭 chuīmiè 動 吹き消す (20)練習

春假 chūnjià 名 春休み (21)練習

春天 chūntiān 名 春 (22)練習

词典 cídiǎn 名 辞書 (8)練習

聪明 cōngming 形 賢い (18)文法

从 cóng 前置 …から (14)本文

从头到尾 cóng tóu dào wěi 最初から最後まで (21)文法

错 cuò 形 間違った (18)文法

D

打扮 dǎbàn 動 装う；着飾る (19)練習

打电话 dǎ diànhuà 句 電話をかける (13)文法

打工 dǎgōng 動 アルバイトをする (6)本文

打开 dǎ kāi 句 開く (4)本文

打算 dǎsuàn 助動 …するつもりだ (13)本文

打网球 dǎ wǎngqiú：テニスをする (13)練習

大 dà 形 大きい (6)文法

大阪 Dàbǎn：地名 (5)練習

大阪城 Dàbǎnchéng 名 大阪城 (12)本文

大夫 dàifu 名 医者 (19)文法

大概 dàgài 副 たぶん；おおよそ (19)本文

大学 dàxué 名 大学 (5)練習

大学生 dàxuéshēng 名 大学生 (5)練習

但是 dànshì 接 しかし (15)練習

导演 dǎoyǎn 動 監督する (15)本文

到 dào 前置 …まで (14)本文

到 dào 動 …に着く (12)本文

道 dào 量 (料理など) …品 (18)本文

…得多 de duō 句 ずっと… (17)文法

灯 dēng 名 電気；電灯 (16)文法

等 děng 動 待つ (7)文法

地方 dìfang 名 場所；ところ (12)本文

弟弟 dìdi 名 弟 (7)文法

点 diǎn 名 …時 (9)本文

电车 diànchē 名 電車 (14)練習

电话号码 diànhuà hàomǎ 名 電話番号 (8)文法

电脑 diànnǎo 名 パソコン (12)練習

电视 diànshì 名 テレビ (7)文法

电视机 diànshìjī 名 テレビ (16)練習

电影 diànyǐng 名 映画 (8)練習

＊丁目＊番＊号 …dīngmù…fān…hào 句 日本の住所表示法 (12)練習

东京 Dōngjīng：地名 (5)練習

东西 dōngxi 名 もの；食べ物 (17)文法

都 dōu 副 すべて；みな (6)本文

独立 dúlì 動 自立する；独立する (15)練習

独生子女 dúshēngzǐnǚ 名 一人っ子 (19)本文

队 duì 名 チーム (16)本文

对 duì 形 正しい (9)本文

对不起 duìbuqǐ 句 御免なさい (1)本文

对面 duìmiàn 名 対面；向こう (20)本文

顿 dùn 量 (食事などの回数) …回 (21)本文

…多 duō 数 …あまり (19)文法

多 duō 副 多く；たくさん (3)本文

多 duō 形 多い (7)本文

多大 duō dà 量 何歳 (11)本文

多大 duō dà 数 どれぐらいの大きさ (10)本文

多少 duōshao 数 どれぐらい (10)本文

多少钱 duōshao qián 句 いくら (11)本文

多少人 duōshao rén 句 何人 (11)練習

E

俄罗斯 éluósī [名] ロシア (10)練習

F

发音 fāyīn [名] 発音 (8)本文

饭 fàn [名] ご飯 (2)本文

饭馆儿 fànguǎnr [名] レストラン (7)練習

方向 fāngxiàng [名] 方向 (20)文法

方言 fāngyán [名] 方言 (13)本文

放 fàng [動] 置く (18)本文

放松 fàngsōng [動] リラックスする (21)本文

飞机 fēijī [名] 飛行機 (14)文法

非常 fēicháng [副] 非常に (6)文法

×分之× …fēnzhī… [句] …分の…；×パーセント (10)文法

分 fēn [名] …分 (9)文法

分钟 fēnzhōng [量] …分間 (12)本文

丰臣秀吉 Fēngchén Xiùjí：人名 (22)本文

风 fēng [名] 風 (20)文法

风俗习惯 fēngsúxíguàn [名] 風俗習慣 (13)本文

幅 fú [量]（書画などを数える単位）…枚の (18)練習

G

感冒 gǎnmào [名] 風邪 (15)文法

感兴趣 gǎn xìngqu [句]（…対して）興味がある (14)練習

干干净净 gāngan-jìngjìng [副] (19)文法

刚 gāng [副]（…した）ばかり (21)本文

刚才 gāngcái [副] 先ほど (21)本文

高 gāo [形] 高い (6)練習

高兴 gāoxìng [形] うれしい (3)本文

高中 gāozhōng [名] 高校 (17)本文

告诉 gàosu [動] 伝える；告げる (8)文法

哥哥 gēge [名] 兄 (5)練習

歌 gē [名] 歌 (19)文法

歌曲 gēqǔ [名] 歌 (8)練習

个 gè [数] …個の (10)文法

个子 gèzi [名] 背丈 (14)文法

各地 gè dì [句] 各地 (13)本文

给 gěi [動] あげる (8)本文

跟 gēn [動] …従う；就く (4)本文

跟 gēn [前置] …と (13)本文

更加 gèngjiā [副] さらに (13)本文

工资 gōngzī [名] 給与 (10)練習

工作 gōngzuò [名] 仕事 (13)練習

公共汽车站 gōnggòngqìchē zhàn [名] バス停 (12)練習

公斤 gōngjīn [量] キログラム (19)練習

公园 gōngyuán [名] 公園 (22)本文

姑娘 gūniang [名] 女の子；お嬢さん (6)文法

古代 gǔdài [名] 古代 (22)本文

故宫 Gùgōng [名] 故宮 (12)本文

挂 guà [動] 掛かる；掛ける (16)文法

关 guān [動] 閉める；閉じる (16)文法

关上 guānshang [動] 閉める (18)練習

关羽 Guān Yǔ：人名 (22)練習

关照 guānzhào [動] 世話をする (3)本文

广场 guǎngchǎng [名] 広場 (12)本文

广东话 Guǎngdōnghuà [名] 広東語 (13)練習

广告 guǎnggào [名] 広告；コマーシャル (20)本文

贵 guì [形] 値段が高い (6)練習

国家 guójiā [名] 国家 (10)練習

国土面积 guótǔ miànjī [名] 国土面積 (10)本文

过 guò [動] …過ぎ (9)文法

H

还没有 hái méiyǒu [句] まだ…していない (7)本文

还是 háishì [接] それとも (16)本文

孩子 háizi [名] 子供 (18)文法

韩国 Hánguó：地名 (16)本文

汉语 Hànyǔ [名] 中国語 (7)文法

汉字 hànzì [名] 漢字 （8）本文
汉族 Hànzú [名] 漢民族 （10）練習
好 hǎo [形] よい；元気だ （1）本文
好吃 hǎochī [形]（食べ物が）おいしい （6）文法
好好儿 hǎohāor [副] よく；十分に （13）本文
好喝 hǎohē [形]（飲み物が）おいしい （6）練習
好久 hǎojiǔ [副] 久しく；長らく （3）本文
好看 hǎokàn [形] きれい （11）本文
好玩儿 hǎowánr [形] 面白い （12）本文
号 hào [名] …日 （9）本文
喝 hē [動] 飲む （7）本文
和 hé [接] と （7）練習
河 hé [名] 川 （12）練習
贺卡 hèkǎ [名] グリーティング・カード （11）本文
很 hěn [副] とても （2）本文
后 hòu [副] あとで （13）文法
后 hòu [名] …のあと （7）文法
滑雪 huáxuě [動] スキーをする （17）練習
画 huà [名] 絵 （18）練習
欢迎 huānyíng [動] 歓迎する （8）文法
还 huán [動] 返す；返却する （15）文法
环状线 huánzhuàngxiàn [名] 環状線 （22）本文
回答 huídá [動] 答える （4）本文
回家 huíjiā [動] 帰宅する （13）文法
回去 huíqu [動] 帰る；戻る （21）本文
活菩萨 huópúsa [名] 生き仏 （20）文法

J

机场 jīchǎng [名] 空港 （12）練習
鸡 jī [名] にわとり （12）文法
…几 jǐ [数] …あまり （19）文法
几… jǐ [数] 数…／何… （19）文法
几 jǐ [数] いくつ （9）本文
几天 jǐtiān [名] 何日 （6）本文
家 jiā [量] …軒の（店や施設） （12）文法
家 jiā [名] 家 （5）文法
家常菜 jiāchángcài [名] 家庭料理 （18）本文
家里 jiāli [名] 家の中 （8）文法
价钱 jiàqián [名] 値段 （10）練習
见 jiàn [動] 見る；会う （1）本文
见面 jiànmiàn [動] 会う （3）本文
建 jiàn [動] 立てる （22）本文
酱汤 jiàngtāng [名] 味噌汁 （6）練習
饺子 jiǎozi [名] 餃子 （7）練習
叫 jiào [動]（名前を）…と言う （3）本文
叫 jiào [動] …させる （19）文法
觉得 juéde [動] …と思う （8）文法
教 jiāo [動] 教える （8）本文
教室 jiàoshì [名] 教室 （9）練習
节目 jiémù [名] 番組 （15）本文
结婚 jiéhūn [動] 結婚する （13）文法
结束 jiéshù [動] 終わる；終了する （21）本文
姐姐 jiějie [名] お姉さん （5）文法
介绍 jièshào [動] 紹介する （17）本文
借 jiè [動] 借りる （20）文法
今天 jīntiān [名] 今日 （6）本文
进来 jìnlai [動] 入る （2）本文
进去 jìnqu [動] 入る （17）文法
近代 jìndài [名] 近代 （22）練習
禁止入内 jìnzhǐ rù nèi [句] 立入禁止 （18）文法
京都 Jīngdū：地名 （12）練習
经常 jīngcháng [副] いつも （7）文法
景色 jǐngsè [名] 景色 （18）文法
酒 jiǔ [名] 酒 （19）文法
就 jiù [副]（前文を受けて結論を示す）…ならば…だ （12）本文
…就是… jiùshì [句] …こそ…です （13）文法

K

咖啡 kāfēi [名] コーヒー （15）文法
咖喱饭 gālífàn [名] カレーライス （7）本文
卡拉OK kālā-ōukèi [名] カラオケ （22）练习
开 kāi [動]（電気が）つく；点灯する （16）文法

开始 kāishǐ 動 …を始める (4)本文

看 kàn 動 見る (7)文法

考 kǎo 動 試験する；受験する (17)本文

考试 kǎoshì 名 試験；テスト (19)本文

咳 hài 語 (悲しみや後悔；または驚きを表す声) ああ (20)本文

刻 kè 数 15分 (9)文法

客气 kèqi 動 遠慮する (1)本文

客人 kèren 名 客 (14)文法

课 kè 名 課 (8)本文

课本 kèběn 名 教科書 (4)本文

课文 kèwén 名 (教科書の)本文 (4)本文

肯定 kěndìng 副 必ず；きっと (16)文法

…口人 …kǒu rén 量 …人 (家族) (10)文法

快 kuài 副 速く (15)文法

筷子 kuàizi 名 箸 (18)練習

L

拉面 lāmiàn 名 ラーメン (7)練習

啦 la 助 催促を表す (2)本文

辣 là 形 辛い (6)練習

…来 lái 数 …くらい (19)文法

来 lái 動 来る (7)文法

老师 lǎoshī 名 先生 (5)文法

了 le 助 …になった (状態の変化) (3)本文

冷 lěng 形 寒い (6)練習

离 lí 前置 …から；…まで (距離) (12)本文

礼拜 lǐbài 名 …曜日 (9)文法

李英华 Lǐ Yīnghuá：人名 (3)本文

理科 lǐkē 名 理科；理系 (17)本文

历史 lìshǐ 名 歴史 (17)本文

厉害 lìhai 形 きつい；ひどい (17)文法

脸 liǎn 名 顔 (14)本文

梁朝伟 Liáng Cháowěi：人名 (15)本文

辆 liàng 量 …台の (車両) (10)文法

零 líng 数 ゼロ (10)文法

留学 liúxué 動 留学する (13)本文

留学生 liúxuéshēng 名 留学生 (5)本文

录像 lùxiàng 名 録画 (16)本文

旅行 lǚxíng 名・動 旅行；旅行する (16)練習

旅游 lǚyóu 動 旅行する (13)本文

M

麻婆豆腐 mápó dòufu 名 マーボ豆腐 (6)練習

马上 mǎshàng 副 すぐに (19)文法

吗 ma 助 …か (2)本文

买 mǎi 動 買う (7)文法

卖 mài 動 売る (18)文法

慢点儿 màndiǎnr 副 少しゆっくり (4)本文

忙 mán 形 忙しい (6)本文

贸易公司 màoyìgōngsī 名 貿易会社 (13)練習

没关系 méiguānxi 句 大丈夫 (1)本文

每个月 měi ge yuè 句 毎月 (14)練習

每天 měitiān 名 毎日 (6)本文

美 měi 形 美しい (18)文法

美丽 měilì 形 美しい；きれい (6)文法

妹妹 mèimei 名 妹 (5)練習

门 mén 名 門；ドア (16)文法

米 mǐ 量 …メートル (13)文法

面包 miànbāo 名 パン (11)練習

名胜古迹 míngshènggǔjì 名 名勝旧跡 (13)本文

名字 míngzi 名 名前 (3)本文

明天 míngtiān 名 明日 (1)本文

摩托车 mótuōchē 名 オートバイク (17)文法

某 mǒu 代 ある… (13)本文

N

拿 ná 動 取る；持つ (7)本文

那 nà 接 では；それでは (7)本文

奶奶 nǎinai 名 おばあさん (11)練習

南部 nánbù 名 南部 (12)練習

南方 nánfāng 名 南方 (13)本文

难 nán 形 難しい (8)本文

呢 ne 語 …は？ (6)本文

呢 ne [助] …している (16)本文

你 nǐ [代] あなた (1)本文

你早 nǐ zǎo [句] おはよう (6)本文

年代 niándài [名] 年代 (19)練習

年纪 niánjì [名] 年齢 (11)本文

您 nín [代] あなた (3)本文

您回来了 nín huílai le [句] お帰りなさい (2)本文

您走好 nín zǒu hǎo [句] いってらっしゃい (2)本文

弄坏 nònghuài [動] 壊す (20)文法

努力 nǔlì [動] 努力する (22)文法

暖和 nuǎnhuo [形] 暖かい (6)文法

P

拍 pāi [動] (手の平で軽く)たたく；打つ (21)文法

胖 pàng [形] 太っている (17)練習

跑步 pǎobù [動] ジョギング (14)本文

朋友 péngyou [名] 友達 (5)練習

批评 pīpíng [動] 叱る；批判する (20)文法

啤酒 píjiǔ [名] ビール (18)練習

漂亮 piàoliang [形] きれい；美しい (6)文法

平方公里 píngfāng gōnglǐ [量] 平方キロメートル (10)本文

Q

期间 qījiān [名] 期間 (13)本文

骑 qí [動] (自転車などに)乗る (7)文法

起床 qǐchuáng [動] 起きる；起床する (14)本文

起来 qǐlái [動] 起きる (2)本文

汽车 qìchē [名] 自動車；乗用車 (6)練習

千 qiān [数] 千 (10)文法

铅笔 qiānbǐ [名] 鉛筆 (5)練習

钱包 qiánbāo [名] 財布 (20)練習

墙 qiáng [名] 壁 (16)文法

切 qiē [動] 切る (18)本文

青椒肉丝 qīngjiāo ròusī [名] ピーマンと肉のせん切りいため (18)本文

轻轻地 qīngqīngde [句] 軽く (21)文法

请 qǐng [動] どうぞ (…してください) (2)本文

请 qǐng [動] 頼む (19)文法

请勿入内 qǐng wù rù nèi [句] 立入禁止 (18)文法

去 qù [動] 行く (7)本文

全 quán [形] すべての (22)本文

R

然后 ránhòu [副] その後 (14)本文

热 rè [形] 暑い (6)本文

热情 rèqíng [形] 親切 (14)文法

人 rén [名] ひと (6)文法

人口 rénkǒu [名] 人口 (10)本文

人气 rénqì [名] 人気 (12)本文

认识 rènshi [動] 見知る (3)本文

认为 rènwéi [動] …と思う (19)本文

认真 rènzhēn [副] まじめに (7)文法

日本 Rìběn：地名 (5)練習

日本菜 rìběncài [名] 日本料理 (6)練習

日本地图 Rìběn dìtú [名] 日本地図 (16)練習

日本人 Rìběnrén [名] 日本人 (5)本文

日语 Rìyǔ [名] 日本語 (16)練習

日元 rìyuán [名] 日本円 (11)本文

容易 róngyì [形] 易しい (18)本文

S

赛 sài [名] 試合 (16)本文

伞 sǎn [名] 傘 (20)練習

伤 shāng [動] 傷つける (20)本文

赏 shǎng [動] 鑑賞する；見る (9)本文

上课 shàng kè [動] 授業に出る；授業をする (4)本文

上午 shàngwǔ [名] 午前 (13)文法

上学 shàngxué [動] 学校へ行く (7)文法

烧酒 shāojiǔ [名] 焼酎 (17)文法

身体 shēntǐ [名] からだ （3）本文
深夜 shēnyè [名] 深夜 （22）文法
什么 shénme [代] なに （3）本文
生活 shēnghuó [名] 生活 （22）文法
生日 shēngrì [名] 誕生日 （9）本文
生鱼片 shēngyúpiàn [名] 刺身 （15）文法
圣德太子 Shèngdé Tàizǐ：人名 （22）練習
十 shí [数] 十 （10）文法
时 shí [名] …時 （9）文法
时代 shídài [名] 時代 （22）本文
时候 shíhou [名] …とき （16）文法
时间 shíjiān [名] 時間 （17）文法
实行 shíxíng [動] 実行する （19）本文
食品 shípǐn [名] 食べ物 （11）練習
食堂 shítáng [名] 食堂 （7）本文
世界 shìjiè [名] 世界 （10）練習
市内 shìnèi [名] 市内 （12）本文
事情 shìqing [名] こと；ことがら （6）文法
是 shì [動] …である （5）本文
是的 shì de [句] はい （5）本文
收获 shōuhuò [名] 収穫 （13）本文
收拾 shōushi [動] かたづける；整理する （18）練習
手表 shǒubiǎo [名] 腕時計 （17）練習
手机 shǒujī [名] 携帯電話 （9）練習
首都 shǒudū [名] 首都 （5）練習
寿司 shòusī [名] お寿司 （18）練習
书 shū [名] 本；書物 （5）文法
书包 shūbāo [名] かばん （5）練習
暑假 shǔjià [名] 夏休み （13）文法
刷 shuā [動] （歯を）磨く （14）本文
水 shuǐ [名] みず （7）本文
水平 shuǐpíng [名] 水準；レベル （17）文法
睡 shuì [動] 寝る （21）本文
睡觉 shuìjiào [動] 寝る （15）文法
说 shuō [動] 言う；話す （4）本文
四天王寺 Sìtiānwáng-Sì：寺院名 （5）練習
送 sòng [動] 送る （8）文法
岁 suì [量] …歳 （11）本文

T

谈 tán [動] 話し合う；対談する （22）文法
谈话 tánhuà [動] 話す；談話する （16）文法
趟 tàng [量]（往復する動作の回数）…回 （21）本文
特别 tèbié [副] とりわけ；特に （14）文法
体育场 tǐyùchǎng [名] 体育館 （16）本文
体重 tǐzhòng [名] 体重 （19）練習
天安门 Tiān'ānmén [名] 天安門 （12）本文
天气 tiānqì [名] 天気；気候 （14）文法
天王寺 Tiānwángsì [名] 天王寺 （22）本文
田中洋一 Tiánzhōng Yángyī：人名 （3）本文
听说 tīngshuō [動]（人が言うのを）耳にする （15）文法
同学 tóngxué [名] 同級生 （18）文法
统一 tǒngyī [動] 統一する （22）本文
偷 tōu [動] 盗む （20）練習
突然 tūrán [副] 突然 （20）本文
图书馆 túshūguǎn [名] 図書館 （8）練習
腿 tuǐ [名] 足 （20）本文
托您的福 tuō nínde fú [句] おかげ様で （3）本文

W

哇 wa [助] 肯定などの語気を表す （7）本文
外出 wàichū [動] 出かける；外出する （15）練習
完 wán [動] 終わる （18）文法
完成 wánchéng [動] 完成する；…し終える （13）練習
玩儿 wánr [動] 遊ぶ （8）練習
晚 wǎn [形] 遅い （15）本文
晚安 wǎn'ān [句] おやすみなさい （1）本文
晚上 wǎnshang [名] 晩；夜 （1）本文
碗 wǎn [量] …椀の；…杯の （7）本文
碗筷 wǎnkuài [名] 椀や箸などの食器 （18）本文
万 wàn [数] 万 （10）文法

万里长城 Wànlǐ Chángchéng [名] 万里の長城 (12)本文

为什么 wèishénme [句] なぜ；どうして (15)本文

位 wèi [量] (敬意をこめた人数の数え方) …人；…名 (6)練習

文科 wénkē [名] 文科；文系 (17)本文

问题 wèntí [名] 問題 (4)本文

我回来了 wǒ huílai le [句] ただいま (2)本文

我走了 wǒ zǒu le [句] 行ってきます (2)本文

乌龙茶 wūlóngchá [名] ウーロン茶 (8)練習

屋子 wūzi [名] 部屋 (16)文法

午饭 wǔfàn [名] 昼ごはん (15)練習

X

西瓜 xīguā [名] すいか (6)文法

西红柿炒鸡蛋 xīhóngshì chǎo jīdàn [名] トマトと卵の炒め料理 (18)本文

习惯 xíguàn [名] 習慣 (17)文法

洗 xǐ [動] 洗う (7)練習

喜欢 xǐhuan [動] 好きである (8)本文

下节课 xià jié kè [句] 次の授業 (9)練習

下课 xià kè [動] 授業が終わる (4)本文

下来 xiàlai [動] 降りる (22)本文

下午 xiàwǔ [名] 午後 (9)練習

下雨 xiàyǔ [句] 雨が降る (15)文法

夏目漱石 Xiàmù Shùshí：人名 (22)練習

先 xiān [副] まず；先に (13)本文

现在 xiànzài [名] いま；現在 (4)本文

香港 Xiānggǎng：地名 (15)練習

想 xiǎng [動]・[助動] …したい (13)本文

想 xiǎng [動] 考える (21)文法

想法 xiǎngfǎ [名] 考え方 (13)本文

小 xiǎo [形] 小さい (6)文法

小李 Xiǎo Lǐ [名] 李さん；李君 (6)本文

小说 xiǎoshuō [名] 小説 (15)練習

写 xiě [動] 書く (14)練習

谢谢 xièxie [動] ありがとう；感謝する (1)本文

新 xīn [形] 新しい (6)練習

新干线 xīngànxiàn [名] 新幹線 (14)練習

信 xìn [名] 手紙 (14)練習

星期 xīngqī [名] …曜日 (9)文法

姓 xìng [動] (苗字を) …と言う (3)本文

休息 xiūxi [動] 休む (7)文法

需要 xūyào [動] 必要する (18)本文

学年 xuénián [名] 学年 (19)本文

学生 xuésheng [名] 学生 (11)練習

学习 xuéxí [動] 学習する (7)文法

学校 xuéxiào [名] 学校 (1)本文

Y

牙 yá [名] 歯 (14)本文

研究报告 yánjiū bàogào [名] レポート (19)本文

药 yào [名] 薬 (13)文法

要 yào [助動] …したい；…するつもりだ (13)本文

要 yào [動] 要る；ほしい (11)本文

要 yào [動] 要求する (19)文法

爷爷 yéye [名] おじいさん (11)練習

也 yě [副] …も (3)本文

一…就… yī...jiù... [句] …すると… (22)文法

一边…一边… yìbiān...yìbiān... [句] …しながら…する (13)本文

一点儿 yìdiǎnr [数] 少し (17)文法

一定 yídìng [副] 必ず；きっと (13)本文

一起 yìqǐ [副] いっしょに (7)本文

一样 yíyàng [形] 同じ (13)本文

一直 yìzhí [副] ずっと (21)練習

衣服 yīfu [名] 服 (7)練習

遗憾 yíhàn [形] 残念な；遺憾な (15)本文

已经 yǐjing [副] すでに (13)文法

以后 yǐhòu [名] 以後；今後 (3)本文

以来 yǐlái [名] …以来 (19)本文

以前 yǐqián [名] 以前 (13)練習

椅子 yǐzi [名] 椅子 (20)練習

亿 yì 数 億 (10)文法
因为 yīnwèi 接 …であるから (15)本文
音乐 yīnyuè 名 音楽 (14)練習
银行 yínháng 名 銀行 (12)練習
印度 Yìndù：地名 (10)練習
英雄 yīngxióng 名 英雄 (22)本文
英语 Yīngyǔ 名 英語 (7)練習
樱花 yīnghuā 名 桜 (22)練習
应该 yīnggāi 助動 …すべきだ (13)本文
用 yòng 動 用いる；使う (7)文法
邮局 yóujú 名 郵便局 (12)練習
邮票 yóupiào 名 切手 (10)文法
游 yóu 動 泳ぐ (17)文法
游客 yóukè 名 旅行客 (12)本文
游泳 yóuyǒng 動 泳ぐ (8)文法
有 yǒu 動 ある (10)本文
有点儿 yǒudiǎnr 副 少し (8)本文
有意思 yǒuyìsi 形 面白い (8)本文
雨 yǔ 名 雨 (15)文法
语文 yǔwén 名 国語 (17)本文
圆周率 yuánzhōulǜ 名 円周率 (10)練習
院子 yuànzi 名 庭 (12)文法
月 yuè 名 …月 (9)本文

Z

再 zài 副 それから (13)本文
再 zài 副 もう一度；再び (4)本文
再见 zàijiàn 句 さようなら (1)本文
在 zài 動 …にある (12)本文
在 zài 副 …している (16)本文
咱们 zánmen 代 (相手を含む)私たち (21)本文
早点儿 zǎodiǎnr 副 早めに (14)練習
早上 zǎoshang 名 朝 (1)本文
怎么 zěnme 代 どうしたか (20)本文
怎么回事儿 zěnme huíshìr 句 どういうことか (20)本文
增加 zēngjiā 動 増加する (19)練習
增长 zēngzhǎng 動 増加する (19)本文
占 zhàn 動 占める (10)練習
站 zhàn 名 駅 (22)本文
张 zhāng 量 …枚 (11)本文
张艺谋 Zhāng Yìmóu：人名 (15)本文
长 zhǎng 動 成長する (19)文法
找 zhǎo 動 探す (20)本文
兆 zhào 数 兆 (10)文法
照片 zhàopiàn 名 写真 (18)文法
这样 zhèyàng 副 このように (13)練習
真 zhēn 副 本当に (6)本文
真是 zhēnshì 副 本当に (18)本文
整 zhěng 形 …ちょうど (9)文法
正门 zhèngmén 名 正門 (12)練習
正在 zhèngzài 副 ちょうど…している (16)本文
政策 zhèngcè 名 政策 (19)本文
政治家 zhèngzhìjiā 名 政治家 (22)練習
只 zhǐ 副 ただ；…しか…ない (10)練習
知道 zhīdao 動 知る (9)練習
纸 zhǐ 名 紙 (20)文法
中国 Zhōngguó：地名 (5)練習
中国饭 zhōngguócài 名 中華料理 (6)文法
中国概况 Zhōngguó gàikuàng 名 (科目名)中国概論 (19)本文
中国人 Zhōngguórén 名 中国人 (5)本文
中秋节 zhōngqiūjié 名 仲秋の名月 (9)本文
重 zhòng 形 重い (20)本文
主演 zhǔyǎn 動 主演する (15)本文
主意 zhúyi 名 アイデア (21)本文
注意 zhùyì 動 注意する (15)文法
著名 zhùmíng 形 有名な (22)練習
撞 zhuàng 動 ぶつける (20)本文
准备 zhǔnbèi 動 準備する (17)本文
桌子 zhuōzi 名 机；テーブル (12)文法
自行车 zìxíngchē 名 自転車 (7)文法
自己 zìjǐ 代 自分 (13)文法
走 zǒu 動 歩く；行く (2)本文

走路 zǒulù 句 歩く (12)本文
足球 zúqiú 名 サッカー (16)練習
最 zuì 副 最も (10)練習
最近 zuìjìn 副 最近 (6)本文
昨天 zuótiān 名 昨日 (6)練習
昨晚 zuówǎn 名 昨晩 (15)本文
左右 zuǒyòu 名 …ぐらい；前後 (10)本文
作法 zuòfǎ 名 やり方 (17)文法
作家 zuòjiā 名 作家 (22)練習
作业 zuòyè 名 宿題 (12文法)
坐 zuò 動 座る (2)本文
坐好 zuò hǎo 句 着席する (4)本文
做 zuò 動 する (7)文法

著　者

胡　士雲（こ　しうん）
神戸学院大学

矢羽野　隆男（やはの　たかお）
四天王寺大学

呂　順長（ろ　じゅんちょう）
四天王寺大学

改訂二版　**初級中国語課本**

2010. 4. 1　初版発行
2014. 4. 1　改訂版　初版1刷発行
2022. 2. 1　改訂二版　初版1刷発行
2024. 3. 30　改訂二版　初版2刷発行

発行者　上野名保子

〒101-0062　東京都千代田区神田駿河台3の7
発行所　電話　東京03（3291）1676　FAX 03（3291）1675
振替　00190-3-56669番

株式会社　**駿河台出版社**

印刷・製本・製版　フォレスト

ISBN 978-4-411-03143-3 C1087
http://www.e-surugadai.com

音節＼韻母 声母		1																
		a	o	e	-i[ʅ]	-i[ɿ]	er	ai	ei	ao	ou	an	en	ang	eng	ong	i	ia
唇音	b	ba	bo					bai	bei	bao		ban	ben	bang	beng		bi	
	p	pa	po					pai	pei	pao	pou	pan	pen	pang	peng		pi	
	m	ma	mo	me				mai	mei	mao	mou	man	men	mang	meng		mi	
	f	fa	fo						fei		fou	fan	fen	fang	feng			
舌尖音	d	da		de				dai	dei	dao	dou	dan		dang	deng	dong	di	
	t	ta		te				tai		tao	tou	tan		tang	teng	tong	ti	
	n	na		ne				nai	nei	nao	nou	nan	nen	nang	neng	nong	ni	
	l	la		le				lai	lei	lao	lou	lan		lang	leng	long	li	lia
舌根音	g	ga		ge				gai	gei	gao	gou	gan	gen	gang	geng	gong		
	k	ka		ke				kai		kao	kou	kan	ken	kang	keng	kong		
	h	ha		he				hai	hei	hao	hou	han	hen	hang	heng	hong		
舌面音	j																ji	jia
	q																qi	qia
	x																xi	xia
巻舌音	zh	zha		zhe	zhi			zhai	zhei	zhao	zhou	zhan	zhen	zhang	zheng	zhong		
	ch	cha		che	chi			chai		chao	chou	chan	chen	chang	cheng	chong		
	sh	sha		she	shi			shai	shei	shao	shou	shan	shen	shang	sheng			
	r			re	ri					rao	rou	ran	ren	rang	reng	rong		
舌歯音	z	za		ze		zi		zai	zei	zao	zou	zan	zen	zang	zeng	zong		
	c	ca		ce		ci		cai		cao	cou	can	cen	cang	ceng	cong		
	s	sa		se		si		sai		sao	sou	san	sen	sang	seng	song		
		a	o	e			er	ai	ei	ao	ou	an	en	ang			yi	ya